PONS

Wo liegt der Hund begraben?

von Michael Krumm

PONS GmbH
Stuttgart

PONS

Wo liegt der Hund begraben?

von Michael Krumm

Auflage A1 5 4 3 2 1 / 2013 2012 2011 2010

PONS Produktinfos und Shop: www.pons.de
PONS Sprachenportal: www.pons.eu
E-Mail: info@pons.de

Redaktion: Canan Özdamar
Logoentwurf: Erwin Poell, Heidelberg
Logoüberarbeitung: Sabine Redlin, Ludwigsburg
Einbandgestaltung: Daniel Müller, Stuttgart
Illustrationen: Vera Brüggemann, Bielefeld
Layout: one pm, Petra Michel, Stuttgart
Satz: Tebitron GmbH, Gerlingen
Druck und Bindung: Print Consult GmbH, Oettingenstraße 23, München

Printed in Czech Republic.
ISBN: 978-3-12-010030-0

WO LIEGT DER HUND BEGRABEN?

Wie die Tiere in die deutsche Sprache kamen

VORWORT 4

1 VON AALGLATT BIS ZIEGENPETER 5
Redewendungen, Sprichwörter, Begriffe

2 DAS GEMEINE UNTIER 92
Tiere, die es (so) nicht gibt

3 SÜNDENBÖCKE 103
Tiere, die nichts dafür können

4 FALSCHE HASEN 109
Animalische Missverständnisse

5 TIERISCHES DURCHEINANDER 119
Was vom Tiere übrig blieb

REGISTER 123

QUELLEN 127

Liebe Leserinnen, liebe Leser,

Tiere sind sozusagen die eierlegenden Wollmilchsäue unserer Sprache: Für fast jede Situation und Befindlichkeit, jede Eigen-, Ab- und Unart, jeden Schach- oder Wesenszug des Menschen gibt es einen treffenden tierischen Begriff, eine Redewendung, ein Sprichwort.

Im Folgenden finden Sie eine kleine Auswahl davon, wobei hier nicht grundlegend zwischen Redensarten, Sprichwörtern und Komposita unterschieden wird – empörte Phraseo- und Parömiologen mögen ein Auge zudrücken und Fünfe gerade sein lassen.

Denn hier geht's um den Spaß an der tierischen Sprache und darum, wieso man eben Eulen und keine Sumpfhühner nach Athen trägt und sich auch als Hornochse pudelwohl fühlen kann, aber auch um die Frage, warum ein Bär eigentlich Bär heißt.

Kriterium für die Aufnahme war die interessante Erklärung, die überraschende Herleitung, der Aha-Effekt. Dabei sind natürlich auch sehr bekannte Wendungen und besonders Sprichwörter auf der Strecke geblieben, denn viele erklären sich schlicht von selbst.

Was folgt, verhilft Ihnen hoffentlich zum ein oder anderen Schmunzeln und beweist, dass die deutsche Sprache alltäglich weit weniger schön und reich wäre ohne all ihr Getier. Um es mit Rilke zu sagen: „Das Leben und dazu eine Katze, das gibt eine unglaubliche Summe."

Ihr Autor

1

VON AALGLATT BIS ZIEGENPETER

Redewendungen, Sprichwörter, Begriffe

Um das Pferd nicht von hinten aufzuzäumen, orientiert sich dieses Glossar am jeweils beteiligten Tier, nicht am Anfangsbuchstaben der Formulierung oder der Tierart. So finden Sie den Sündenbock in guter Gesellschaft mit dem Bockshorn beim B statt hinterm Spatzenhirn, Ihre Schäfchen können Sie aber unter S ins Trockene bringen – und stehen nach dieser Erklärung nun hoffentlich nicht vollkommen belämmert da.

A

aalglatt

nicht zu fassen, raffiniert sein; für alles eine Ausrede haben

Wer schon einmal versucht hat, einen gefangenen Aal festzuhalten, weiß, warum das nicht nur sprichwörtlich fast unmöglich ist. Er versucht sich durch heftige Schlängel- und Ringelbewegungen zu befreien, wobei ihm seine schlüpfrige Haut mit kleinen Schuppen zugute kommt. So wird dieses Sinnbild schon seit der Antike benutzt, denn aalglatt und sich windend wie ein Aal entfleucht man eben fast jedem Griff und ist dabei für alles Handfeste immer ein wenig zu schleimig.

° sich aalen

sich behaglich räkeln, ausruhen, besonders am Strand und in der Sonne

Die Schlängelbewegung des Aals an Land ist früher auch als wohliges Strecken und Dehnen interpretiert worden, zumal Aale in der Lage sind, sich gewisse Zeit unbeschadet außerhalb des Wassers aufzuhalten und den nötigen Sauerstoff dabei über die Haut aufzunehmen.

° Adlerauge, Adlerblick

ein besonders scharfes Auge haben, außergewöhnlich gut sehen

Jemand, der gestochen scharf sieht, könnte eigentlich ebenso gut Geierauge heißen, denn alle Greifvögel haben sehr gute, weil so große Augen, dass sich die Augäpfel in der Kopfmitte berühren. Damit können sie bereits auf 700 m Entfernung erspähen, was unsereins frühestens auf 100 m entdeckt.

° affengeil, affenscharf

ganz besonders gut bzw. interessant

Vermutlich weil er in Aussehen und Verhalten seiner sprechenden Verwandtschaft leider sehr ähnelt, muss der Affe namentlich für so manche Steigerungsform und ziemlich menschliche Eigenschaft herhalten. So wird in der Umgangssprache etwas Gutes als geil, etwas sehr Gutes dann aber als affengeil bezeichnet usw. Interessanterweise kann der Zusatz „Affen-/affen-" sowohl positiv als auch negativ verstärken. Dieses Schicksal teilt der Affe ziemlich exklusiv mit dem Borstenvieh, dank dessen man ja ebenso saublöd wie schweineschlau sein kann.

° einen Affen (sitzen) haben

betrunken, besoffen sein

Die Idee, man habe einen Affen in sich oder auf der Schulter sitzen, wenn man zünftig gebechert hat, soll von dem alten Glauben herrühren, dass Dämonen in

Tiergestalt für Krankheiten und Unpässlichkeiten sorgen. Der Zecher müsste allerdings ziemlich genau wissen, woher der Rausch kommt. Möglich ist auch eine aus anderen Sprachen übernommene absichtliche Verwechslung. So bedeutet das tschechische „opit se" sich betrinken, während Affe „opice" heißt. Und im Spanischen bedeutet „mona" gleichzeitig Affe und Rausch.

Affenkälte/Affenhitze

große Hitze bzw. Kälte

Dass Wortverbindungen im Deutschen zur Steigerung der Aussage oft wahllos mit gänzlich unschuldigen Primaten ausstaffiert werden, lässt sich hier deutlich erkennen. Während die Affenhitze eventuell noch auf die ältere Wendung eine Hitze wie im Affenstall zurückzuführen ist, gibt es nun wirklich keine plausible Erklärung dafür, was ein Affe an Minusgraden verbrochen hat. Ebenso unklar: warum zur Steigerung der Hitze auch das männliche Rind, für das Gegenteil der Bullenhitze aber wiederum nur eine Schweinekälte infrage kommt.

Affenliebe

eine maßlose, blinde Liebe

Diese Bezeichnung ist - zumindest für ihre Erfinder - wirklich kein Kompliment. Weil man sich in früheren Zeiten recht dürftig um den eigenen Nachwuchs kümmerte, erschien den Menschen des 18. Jahrhunderts die Fürsorglichkeit von Affeneltern vollkommen übertrieben. Hinzu kam eine Fabel Äsops über einen tierischen Beauty-Contest, in dem eine stolze Äffin unter viel Gelächter ihren „hässlichen" Junior dem Juror Jupiter präsentiert. Inzwischen weiß man, dass mitunter selbst männliche Schimpansen verwaiste Affenkinder „adoptieren" und jahrelang auf eine Weise umhegen, die unsereins ziemlich schlecht dastehen lässt.

Affenzahn

hohes Tempo

Man kann hierzulande seit dem 20. Jahrhundert mit affenartiger Geschwindigkeit auch einen Affenzahn draufhaben. Für den Zahn stand aber weniger das Beiß- als ein anderes Werkzeug Pate, denn die Wendung gibt es auch ohne Affe, wobei dann speziell das Zahnradgetriebe von Autos gemeint ist, mit dem man eben einen Zahn zulegen kann.

Affenzirkus, Affentheater

besonders albernes und enthemmtes Treiben

Weil der Affe auch als hochgradig unseriös galt, fand ihn deutsche Ernsthaftigkeit geeignet, so übertriebenes Affentheater, einen Affentanz zu veranstalten, dass man sich wie im Affenzirkus vorkommt. 1848 wusste man auch noch genau, für wen derlei Wendungen erfunden wurden, denn laut Evangelischer Kirchenzeitung „erfreut sich der Franzose mit äffischer Beweglichkeit und prinziploser Hast an dem Umsturz als solchem".

dem Affen Zucker geben

übermütig und ausgelassen sein, seinen Vorlieben nachgeben

Seinem Affen kann man bereits seit dem frühen 18. Jahrhundert Zucker geben. Dies gründet zum einen auf der Gewohnheit von Schaustellern und Zoobesuchern, einen Affen mit Süßigkeiten zu Kunststückchen zu animieren, zum anderen deutet es auf die sehr alte Vorstellung hin, dass jemand der sich z. B. affig verhält, auch einen Affen in sich tragen muss.

Klappe zu, Affe tot

etwas ist erledigt und definitiv abgeschlossen

Die Redewendung stammt wohl ursprünglich aus dem Schausteller- und Zirkusgewerbe: Man hielt früher am Kassenhäuschen vorm Zirkus oft ein kleines Äffchen in einer Holzkiste, um Schaulustige anzuziehen. Starb dieses irgendwann, blieb die Kiste zu. Auf dem Jahrmarkt zeigten Schausteller dressierte Affen, die in einer Bude bei geöffneter Klappe Kunststücke vorführten. Auch hier galt: Starb der Affe, blieb die Klappe zu.

affig

eitel, geziert, geckenhaft

Wegen seiner unanständigen Menschenähnlichkeit, die erst seit Darwin nicht mehr als anmaßend scheint, galt der Affe schon im Mittelalter als fast unnatürlich, sündig, eitel und ziemlich affektiert, etwa weil er Hände und Füße benutzte und sich gar erlaubte, aufrecht zu gehen. Scheinbar Menschliches fand man also ziemlich affig, bevor Affigkeit etwas sehr Menschliches wurde und man sich als Lackaffe leicht zum Affen machen konnte.

Maulaffen feilhalten

untätig und mit offenem Mund herumstehen und gaffen

Den Maulaffen gibt es schon seit dem 13. Jahrhundert, zwischendurch hieß er auch mal Gähnaffe oder Affenmaul. Und mit einem Affen hat er nun gar nichts zu tun, sondern mit einem Vorgänger unserer Lampen, einer Haltevorrichtung für glühende Kienspäne. Diese wurden gern dekorativ als offener Mund in einem Gesicht dargestellt und hatten also das „Maul offen" - „Maul-affen" eben. Beim Feilhalten kommt dann aber doch noch der Affe ins Spiel: „Affen feilhaben" bedeutete früher, gänzlich Überflüssiges zu sammeln oder verkaufen zu wollen. Und wer heute Maulaffen verkaufen wollte, hätte wohl einen eher mäßigen Erfolg.

Mich laust der Affe!

Ausruf, wenn jemand sehr überrascht, verdutzt ist

Bei Gauklern, Orgelspielern und ähnlichem fahrenden Volk früherer Zeiten, die oft einen Affen zur Belustigung des Publikums dabeihatten, war es üblich, diesen ab und zu auf die Umstehenden „loszulassen", wo der Affe dann einem überraschten Zuschauer auf Kopf oder Schulter sprang und scheinbar nach Ungeziefer suchte. Während alle anderen ihren Spaß hatten, hatte nun einer ganz plötzlich den Spott auf seiner Seite, denn ausgerechnet ihn lauste der Affe.

nachäffen

jemandes Verhalten auf lächerliche Weise imitieren

Zwar ist es durchaus denkbar, dass das bereits seit dem 16. Jahrhundert bekannte Verb sich tatsächlich darauf bezieht, jemanden wie ein Affe nachzumachen oder nachzuahmen, zumal noch die ältere Variante „nachaffen" bekannt ist und das „Nachäffen" bei vielen Primaten die Funktion hat, soziale Bindungen aufzubauen und Freundschaften zu schließen. Eventuell ist das Wort aber auch nur eine Umdeutung von „nachäfern", das schlicht „wiederholen" bedeutet.

B

Bär

der Braune

Wie bei vielen anderen Tieren entwickelte sich das deutsche Wort als Umschreibung, da man es im germanischen Sprachraum als Unglück bringend ansah, ein Tier, das immer eine magische und in diesem Fall auch reale Bedrohung bedeutete, beim ursprünglichen indoeuropäischen Namen zu nennen und damit nach Volksglauben herbeizurufen. Ganz nach dem Motto: Wenn man vom Teufel spricht ... Eine andere Ableitung vom althochdeutschen „bero", also der Braune, wurde übrigens zu „Biber". Der Bär gilt als besonders groß, stark, etwas misslaunig, sehr verfressen, dabei tapsig und eher einfältig, aber im Großen und Ganzen ziemlich liebenswert. Und er muss im Deutschen für so einiges herhalten: Man kann z. B. einen Bärenhunger haben, ein Brummbär, Tanzbär, bärig, bärenstark sein und natürlich ein Kerl wie, stark wie, hungrig, tapsig und plump wie ein Bär sein.

bärbeißig

grimmig, mürrisch, unfreundlich

Hier ist allerdings nicht der Bär beißig, denn Bärenbeißer waren seit dem 16. Jahrhundert Hunde, die speziell zur Jagd auf wehrhaftes Wild, also Bären und Wildschweine, aber auch zum Kampf gegen Bullen gezüchtet wurden – daher auch ihr anderer Name Bullenbeißer. Ein direkter Nachfahre: der Deutsche Boxer.

jemandem einen Bären aufbinden

einen Leichtgläubigen täuschen, eine Lügengeschichte weismachen

Ursprünglich gab es zwei Sorten gebundener Bären. „Einen Bären anbinden" bedeutete Schulden zu machen, wobei „Bären" wohl nicht vom Tier, sondern vom niederdeutschen „Bäre/Bere" herrührt und schlicht Abgabe bedeutet. Der andere Bär dürfte vor allem ein Märchenbär sein, da er sich wahrscheinlich aufs Jägerlatein bezieht. Einen Bär zu erlegen galt schon als schwierig, ihn zu fesseln als eigentlich unmöglich. Wer also davon berichtete, wollte seine Zuhörer im wahrsten Sinne mit einem gebundenen Bären fesseln.

jemandem einen Bärendienst erweisen

trotz guter Absicht jemandem durch falsche Hilfe mehr schaden als nutzen

Die Redensart stammt wahrscheinlich von der Fabel „Der Bär und der Gartenfreund", die der große Fabelsammler Jean de la Fontaine (1621 – 1695) verfasste. Ein gutmütiger, aber übereifriger Bär will eine Fliege vom Kopf eines befreundeten Einsiedlers vertreiben. Er holt aus und erschlägt die Fliege – aber leider auch den Einsiedler.

eine kesse/flotte Biene

eine hübsche, vorwitzige und charmante junge Frau

Die ursprüngliche Bedeutung ist leider gar nicht so charmant: Schon seit der Antike symbolisierte die Biene nicht nur Positives wie Fleiß, sondern galt etwa auch als (hinter)listig, weil sie nach damaliger Vorstellung vorne friedlich summte und hinten stach. Unter einer kessen Biene wurde später eine besonders „erfolgreiche" Prostituierte verstanden, die gekonnt „von Blüte zu Blüte flog". Für diese Bezeichnung sind also sicherlich die so unschuldigen Blüten verantwortlich.

Bock

ein wirklich uraltes Wort

Selten war man sich im Altertum so einig: Völker wie die Germanen, Kelten und Etrusker kannten alle schon den Bock (boc) in leicht abgewandelten Formen und Redensarten. Keine davon ist schmeichelhaft. Meist bezog man sich auf seine besondere Duftnote, seinen Eigensinn und die sprichwörtliche Fortpflanzungsfreudigkeit. Deswegen kann man noch heute beispielsweise geil sein, stinken wie und stur oder bockig sein wie ein Bock.

Bockbier; Bockwurst

Starkbier und Brühwurst

Weder im Bier noch in der Wurst steckt ein Bock. Beim Starkbier bezieht sich das Wort auf die niedersächsische Stadt Einbeck, die als Ursprung der Sorte gilt, während man die Wurst früher üblicherweise zum Bockbier aß.

Bocksbeutel

eine rundliche, bauchige und auf zwei Seiten abgeflachte Weinflasche

Der Name dieser Flasche für vor allem fränkische Weine stammt tatsächlich von des Bockes Beuteln, also von seinen Hoden, und erinnert an die Jahrhunderte, in denen Wein noch in Tierbälgen transportiert wurde.

einen Bock schießen

einen schwerwiegenden Fehler begehen

Bereits seit dem 15. Jahrhundert wird in Schützenvereinen dem schlechtesten Schützen als Trostpreis ein Bock überreicht. Wer also konsequent danebentrifft, schießt immerhin einen Bock.

jemanden ins Bockshorn jagen

jemanden einschüchtern, ihm Angst einflößen

Dafür gibt es allerlei abenteuerliche Erklärungen: Das „Deutsche Sprichwörter-Lexikon" von 1880 vermutet gar, ein einschüchternder Gelehrter namens Markus Boxhorn habe wohl so manchen Studenten verjagt. Viel wahrscheinlicher ist eine dieser Herleitungen: So hängt das Bockshorn mit einem alten bayrischen Rechtsbrauch zusammen, dem Haberfeldtreiben. Verbrechern wurde dabei ein Hemd angezogen, das ein Ziegenfell symbolisierte, und sie wurden anschließend gejagt – „Haberfell" bedeutet nichts anderes als „Bocksfell". Die andere Erklärung bezieht sich auf einen Aberglauben des 15. Jahrhunderts, wonach man „Gott" nicht in Flüchen verwenden durfte. Als Ersatz dafür diente dann ähnlich Klingendes wie Potz – daher „Potz Blitz" –, Pox oder eben Box. Jemandem also Gottes Zorn an den Hals zu wünschen, hörte sich an wie „Box Zorn", woraus Bockshorn wurde.

Bocksprünge/Kapriolen machen

Faxen machen, einen übermütigen Streich spielen

Die Kapriolen stammen mindestens aus dem 17. Jahrhundert und aus Italien, wo sich das Wort „capriola" von „capro", also „Bock" herleitet.

jemanden zum Sündenbock machen

jemanden schuldlos für ein Unglück verantwortlich machen

Am jüdischen Jom Kippur, dem alttestamentarischen Tag der Versöhnung und Vergebung, übertrug der Hohepriester die Sünden des Volkes durch Handauflegen symbolisch auf einen Ziegenbock. Dieser musste dann für Übeltaten büßen, die ganz eindeutig andere verbockt hatten, indem man ihn - daher auch diese Redewendung - in die Wüste schickte.

den Bock zum Gärtner machen

jemanden mit etwas beauftragen, dem er aus Eigeninteresse definitiv schadet

Wenn man einem Bock den Garten überlässt, darf man sich nicht wundern, wenn alles Fressbare auch gefressen wird - aber eben vom Bock. Das weiß man redensartlich schon seit dem 16. Jahrhundert. Weil diese Weisheit aber nicht nur berufsmäßig von Politikern bei Lobbyisten ignoriert wird, kann man jeden Sommer im norwegischen Trondheim beispielhaft beobachten, was passiert, wenn den Rentieren die Pflege dann nicht mehr existierender Vorgärten überlassen wird.

büffeln, ochsen

sich beim Lernen schwertun, etwas sehr mühsam lernen

„Nur Ochsen büffeln", hat Erich Kästner einmal geschrieben, allerdings hat das Wort büffeln wahrscheinlich nichts mit dem Tier, sondern mit dem mittelhochdeutschen „buffen" zu tun, das schlagen oder stoßen bedeutet - ähnlich wie in der Wendung „sich mit etwas herumschlagen". Das „ochsen" wiederum bezieht sich tatsächlich auf die harte Arbeit des Nutztiers.

C

ein echtes/wahres Chamäleon sein

ein wandelbarer, anpassungsfähiger, auch unzuverlässiger Mensch sein

Im Chamäleon steckt mehr, als man denkt! Zunächst einmal ein Löwe, denn sein Name bedeutet so viel wie „kleiner Löwe", wohl ein Jux der alten Griechen aufgrund imposanter Größe und unglaublicher Stärke. Zum anderen steckt in ihm ein begnadeter Ausdruckskünstler, da es seine Farbe vorrangig ändert, um seiner „Stimmung“ Ausdruck zu verleihen und zu kommunizieren. So verfärben sich die meisten bei Angst schwarz und zur Partnersuche quietschbunt, was als Tarnung ziemlich dämlich wäre und sie daher eigentlich nicht zum Paradebeispiel für kalkulierte Unauffälligkeit macht.

D

Frechdachs

jemand ausgesprochen vorwitziges, vor allem Kinder

Da junge Dachse wohl gerade im Unterschied zu älteren als ausgesprochen neugierig und vorwitzig gelten, hat man sie zum Sinnbild für ungezogenes, aber nicht wirklich schlechtes Verhalten gemacht. Dabei haben die alten Germanen in Unkenntnis der Familienbande tatsächlich angenommen, dass die jungen und auch die weiblichen Dachse eine eigene Art, die „Hundedachse“ bilden, während die großen und brummigen männlichen für „Schweinedachse“ gehalten wurden, daher noch heute das norwegische „svintoks“.

Hausdrache

eine herrschsüchtige Ehefrau

Das griechische „drakon“ bedeutet eigentlich „der scharf Blickende“ und ganz genau betrachtet gab es den Bezug zur Frau im Hause schon beim alttestamentarischen Sirach (25,16): „Lieber mit einem Löwen oder Drachen zusammenhausen, als bei einer bösen Frau wohnen.“ Allerdings hatte besagter Jesus Sirach wohl ohnehin panische Angst vor dem anderen Geschlecht.

E

Der Teufel ist ein Eichhörnchen.

Warnung, dass es auch bei vermeintlich einfachen Situationen böse Überraschungen geben kann

Weil sie so „übernatürlich“ schnell und gewandt sind, dass sie an Bäumen gar kopfüber klettern können, und natürlich wegen ihrer roten Farbe wurden die Hörnchen schon im Mittelalter mit dem Teufel assoziiert. Auch in zahlreichen Sagen steckt der Teufel nicht im Detail, sondern im vermeintlich possierlichen

Hörnchen, um arme Sünder zu täuschen. Und in der germanischen Mythologie ist gar ein Eichhörnchen mit Namen Ratatosk (Rattenzahn) für das Säen von Zwietracht zuständig.

ein Eichhörnchen geschnupft haben

einen besonders buschigen Schurrbart tragen

Diese Wendung ist derart plakativ, dass sie fast selbsterklärend ist, aber andererseits so kreativ, dass sie hier trotzdem Eingang findet. Sie wäre für so manchen Träger gewaltigen Oberlippenbewuchses wohl auch charmanter als die simple Erklärung verirrten Geschmacks, selbst wenn der Verbleib des vorderen Eichhörnchenteils ebenso wenig geschmackvoll ist.

Mühsam ernährt sich das Eichhörnchen.

etwas geht nur sehr langsam, mühevoll und in kleinen Schritten vonstatten

Sie müssen im Herbst Vorräte für den Winter anlegen und pro Tag bis zu 100 Fichtenzapfen zerlegen, um ihr Auskommen zu haben. Da Eichhörnchen also den Großteil ihrer Zeit mit der Nahrungssuche verbringen, stehen sie dieser Wendung zu Recht Pate. Hinzu kommt, dass Sie gerne einmal im Herbst vergrabene Samenvorräte vergessen, was einen unfreiwilligen Beitrag zur Aufforstung bedeutet, aber ihre Ernährungssituation nicht weniger mühevoll macht.

Elchtest

eine besonders entscheidende Bewährungsprobe

Was hierzulande zunächst als schlichter Fahrdynamiktest firmierte, wurde für eine deutsche Automarke auf schwedischer Teststrecke zum verhängnisvollen Elchtest. Zwei schnelle Spurwechsel hintereinander sollten das Ausweichen vor einem plötzlich auftauchenden Elch testen und führten dazu, dass die Einheimischen die fallsüchtige Baureihe kurzerhand „Vält-Klasse" tauften – was nach Weltklasse klingt, aber auf Schwedisch „Umkippklasse" bedeutet. Der Elchtest wurde so sprichwörtlich, dass das Standardwerk „Dorsch – Psychologisches Wörterbuch" ihn in einigen Auflagen scherzhaft als psychologische Testvariante empfiehlt.

Elefantengeburt

ein besonders langwieriges Vorhaben

Die Tragzeit dauert beim Elefanten fast zwei Jahre, die längste aller Lebewesen an Land, die Geburt selbst zieht sich über zwei Nächte hin. So kann man mit Fug und Recht von einem langwierigen Großprojekt sprechen.

ein Elefantengedächtnis haben

ein besonders gutes Erinnerungsvermögen haben

Es könnte eigentlich auch „Mühsam ernährt sich der Elefant" heißen, denn Elefanten müssen bis zu 17 Stunden am Tag fressen, um Ihren Bedarf zu decken. Dabei kommt ihnen ihr tatsächlich phänomenales Gedächtnis zugute, denn sie behalten etwa die Lage von Futterplätzen und Wasserstellen notfalls über Jahrzehnte. Und laut jüngsten Forschungen können kenianische Elefantenkühe über Jahre hinweg die „Stimmen" von etwa 100 Tieren aus gut einem Dutzend Familien auseinanderhalten. Versuchen Sie das mal mit Ihrem Bekanntenkreis.

eine Elefantenhaut haben

besonders teilnahmslos, unempfindlich, kaum zu beeindrucken sein

Hier trügt der Schein und Elefanten müssten eigentlich zu Recht als Dünnhäuter gelten. Ihre Haut misst an den dicksten Stellen zwei bis vier Zentimeter, um die Augen und hinter den Ohren ist sie geradezu papierdünn. Dabei ist sie ausnehmend tastempfindlich, sodass man auch angesichts oben erwähnten Erinnnerungsvermögens besser keinen Elefanten piken sollte.

Elefantenrunde, Elefantenhochzeit

Konferenz bedeutender Politiker; Fusion großer Firmen

Wenn in der Wirtschaft oder Politik Schwergewichte zusammenkommen, um ein gemeinsames Vorgehen zu verabreden oder sich über ein wichtiges Thema auszutauschen, so spricht man beim Austausch von einer Elefantenrunde, bei der Einigung von einer Elefantenhochzeit. Schön wäre es, wenn die Beteiligten bezüglich ihrer Vereinbarungen später auch ein Elefantengedächtnis an den Tag legen würden.

wie ein Elefant im Porzellanladen

sich ungeschickt und äußerst rücksichtslos benehmen

Die Herkunft dieser Wendung ist unbekannt, die Vorstellung setzt aber voraus, dass so große Tiere in solch fragiler Umgebung nur großen Schaden anrichten können. Wieder zu Unrecht, denn in neuer Umgebung sondiert ihre Rüsselspitze meist vorsichtig die Umgebung. Ein deutsches Fernsehmagazin hat im Sommer 2009 die Probe aufs Exempel gemacht und eine Elefantendame in einen Hamburger Porzellanladen verfrachtet - beide haben das Experiment weitestgehend unbeschadet überstanden.

diebische Elster

Im 10. Jahrhundert hieß sie noch althochdeutsch „agalstra". Später kam der ein oder andere Buchstabe ungeklärt abhanden. Den Beinamen „diebisch" hat sie sich aber nicht deswegen verdient. Tatsächlich hat sie ein ausgeprägtes Interesse an schimmernden und blinkenden Gegenständen. Ob sie diese allerdings wirklich wegträgt, um sie gezielt zu horten, war in der Forschung äußerst umstritten, denn nie wurden Verstecke dieses Diebesguts gefunden. Neuerdings weiß man, dass sie für jedes erstandene Objekt ein neues Versteck anlegt, um bei einer Plünderung, etwa durch Artgenossen, nicht gleich alle Schätze zu verlieren. Sie können sich dabei ähnlich viele Verstecke merken wie Menschen, Menschenaffen und Hunde.

lahme Ente

jemand, der sein Amt, seine Position nicht mehr nutzen kann oder will

Vor allem im politischen System der USA wird z. B. ein Präsident, der noch im Amt ist, aber nicht wiedergewählt werden kann oder will, als „lame duck" bezeichnet. Da in der Phase vor der Amtsübernahme seines Nachfolgers keine schwerwiegenden Entscheidungen mehr getroffen werden können oder zumindest sollten, gilt er als „flugunfähig", als lahme Ente.

hässliches Entlein

ein nicht ganz so schöner Mensch (der noch ein schöner werden kann)

Das hässliche Entlein entstammt einem Kunstmärchen des dänischen Schriftstellers Hans Christian Andersen von 1843: Ein vermeintlich hässliches

Entenküken entpuppt sich nach Wechsel des Federkleids als wunderschöner Schwan. Die Moral von der Geschicht, kaum ein Trost für alle, die nach der ersten Mauser immer noch Ente sind: „Es schadet nichts, in einem Entenhofe geboren zu sein, wenn man nur in einem Schwanenei gelegen hat."

eine Eselsbrücke bauen

eine Gedächtnisstütze oder Verstehenshilfe erfinden

Esel wissen oft ganz genau, was sie wollen und besonders, was sie nicht wollen: zum Beispiel durch einen Fluss oder Bach spazieren. Wollte man sie in früheren Zeiten trotzdem auf die andere Seite bringen, half oft nur eine provisorische Brücke. Das Bauen dieser Brücke war also ein Aufwand, ein Umweg, der nötig war, um trotz widriger Gegebenheiten zum Ziel zu kommen. Und schon in der europäischen Philosophie des Mittelalters benutzte man dieses Bild, um einen logischen Mittelbegriff, ein Mittel zum Zweck zu beschreiben. Das klassische Eselproblem hatten also nicht nur die Deutschen, wie man an der „donkey-bridge" und der „guide-âne" sieht.

Eselsohr

eine oben angeknickte Stelle zur Markierung einer Buchseite

Die Ohren eines Esels sind ja bekanntermaßen ziemlich lang. Wer ähnlich umfangreiche Knicke brauchte, um sich an eine Buchseite zu erinnern, galt schon seit dem 17. Jahrhundert sprichwörtlich als Esel. Andere Nationen sind da sparsamer: Im Englischen reicht ein „dog's ear" und im Schwedischen das „hundöra".

Eulen nach Athen tragen

etwas vollkommen Überflüssiges tun

Athen ist seit jeher die Stadt der Eulen: Zum einen waren Käuzchen dort durchaus häufig, zum anderen war die Eule das „Wappentier" der Schutzgöttin Pallas Athene. Vor allem aber wurden in der Antike auch die Athener Münzen Eulen genannt, weil sie deren Rückseite zierten. Da Athen damals auch noch ausgesprochen reich war, stellte der Dichter Aristophanes schon 414 v. Chr. fest: „An Eulen wird es nie mangeln" und fragte sich darum ganz zu Recht, wer wohl nichts Besseres zu tun habe, als trotzdem noch damit anzukommen: „Wer hat die Eule nach Athen gebracht?"

F der Fisch stinkt vom Kopfe her

die Ursache von Missständen innerhalb einer Organisation ist meist in deren Führung zu suchen

Vermutlich wegen des leicht verderblichen Hirns nimmt man an, dass die Geruchsbildung der Eiweißzersetzung hier ihren Anfang nimmt. Ob dies tatsächlich stimmt, ist durchaus strittig. Unstrittig ist hingegen, dass so manche Firmenpleite wohl eher den Großkopferten als dem Fußvolk geschuldet ist – was wiederum die Frage aufwirft, ob Geld tatsächlich so geruchsfrei ist wie stets behauptet.

nicht Fisch, nicht Fleisch sein

etwas ist zweideutig, unentschieden, inkonsequent, nicht klar einzuordnen

Wenn sich jemand nicht klar zu einer von zwei gegensätzlichen Meinungen bekennt oder ein Gegenstand sich nicht eindeutig einer Kategorie zuordnen lässt, so spricht man hierzulande bereits seit dem 16. Jahrhundert davon, dieser bzw. dieses sei weder Fisch noch Fleisch. Doch nicht überall sind dafür tote Tiere nötig, für die Spanier ist solch Unausgegorenes einfach „weder Obstwein noch Limonade".

stumm wie ein Fisch sein

absolut keinen Ton von sich geben, schweigsam sein

Dieses sprichwörtliche Bild gab es schon bei den alten Ägyptern und wird dadurch trotzdem nicht richtiger: Die meisten Fische geben sehr wohl Töne von sich, unter Wasser wird ausgiebig getrommelt und geknurrt, geschrien, gegrunzt und geseufzt. Manche, wie der Knurrhahn, sind auch danach benannt und ein Hering soll gar Töne über drei Oktaven erzeugen, was bei unsereins meist eine Gesangsausbildung voraussetzt. Immerhin, es gibt durchaus stille Vertreter. Künftig korrekt wäre etwa zu sagen, jemand sei stumm wie ein Goldfisch.

die Fliege machen

sich sehr schnell von einem Ort entfernen, rasch vor etwas fliehen

Die Fliege flieht so vorbildlich, weil ihr Zentralnervensystem ungefähr zehnmal schneller als unseres arbeitet. Falls Sie sich immer gewundert haben, warum das Insekt meist ungeschlagen bleibt: Gerade einmal 200 Millisekunden braucht es, um Ihnen auszuweichen, wobei es sich die ersten hundert eigentlich erst mal Zeit lässt, abschätzt, ob Sie überhaupt treffen würden, und sich dann schon mal entspannt in die optimale Startposition begibt, bevor es routiniert die Fliege macht.

zwei Fliegen mit einer Klappe schlagen

durch eine und dieselbe Handlung zwei Ziele zugleich erreichen

Nicht nur das Wort „Fliege“ ist uralt und war schon den Westgermanen bekannt, auch diese Wendung ist dem Sinn nach bereits ein Evergreen. Allerdings konnte man im Deutschen früher auch zwei Breie in einer Pfanne kochen oder zwei Füchse in einem Loche fangen, während heute nur noch die Fliegen übrig sind. Auf Spanisch, Englisch und Japanisch erlegt man hingegen zwei Vögel auf einmal, was angesichts der Fliegenreflexe ja auch deutlich einfacher ist.

die Flöhe husten hören

besonders gut hören oder informiert sein, aber auch spitzfindig oder überempfindlich, zu argwöhnisch sein

Ebenfalls ein berüchtigtes Fluchttier – wobei das germanische Wort Floh wohl tatsächlich von „fliehen“ stammt, im Englischen noch gut an „to flee“ und „flea“ erkennbar. Den hustenden Floh führt bereits Sebastian Franck um 1530 in einer ganzen Liste damals angesagter Wendungen auf. Demnach konnte man damals wahlweise auch das Gras wachsen hören oder wissen, was der König der Königin flüstert. In der gleichen Situation wird dann ein Brite auch heute noch eher eine Ratte riechen (to smell a rat).

einen Sack Flöhe hüten

eine nicht zu bewältigende Aufgabe

Da Flöhe also nur schwer zu fassen sind, sind sie natürlich noch schwerer zu hüten. So drückt diese Wendung schon seit dem frühen 16. Jahrhundert ein Ding der Unmöglichkeit aus. Die erste Erwähnung findet sich in den „Proverbia Germanica" Heinrich Bebels und sagt mehr über Tonfall und Sitten des Klerus um 1500 als über Parasiten aus. Da spricht ein Abt, er wolle lieber eine Wanne Flöhe - der Sack kam später - als die liederlichen Nonnen des Klosters Frauenthal hüten. Die Rumänen halten es heute übrigens für ebenso vergeblich, einen Busch voller Hasen zu beaufsichtigen.

jemandem einen Floh ins Ohr setzen

jemandem eine fixe Idee in den Kopf setzen

Dies stammt vermutlich vom französischen „mettre la puce à l'oreille", taucht aber schon vor 1700 im Deutschen auf und verdeutlicht bildhaft, wie ein Gedanke, natürlich meist übers Ohr eingeflüstert, jemandem ähnlich piesacken kann wie ein Floh. Von solch fixen Ideen besessene Briten sind aber noch etwas schlimmer dran, denn ihnen hat jemand gleich eine Biene unter die Mütze geschoben (to put a bee in the bonnet).

Flohmarkt

Gebrauchtwarenmarkt

Unsere Bezeichnung findet sich etwa auch im englischen „flea market", stammt aber wahrscheinlich vom französischen Markt mit Flöhen, dem „marché aux puces". Man nimmt an, dass zuerst der Altkleidermarkt im Pariser Quartier du Temple diesen Namen trug, ganz einfach weil man hier gute Chancen hatte, mit der Kleidung auch einen Satz neue Haustiere zu erwerben.

Flohzirkus; Flohkino; Flohwalzer

„Dressurakt"; Schmuddelkino; Klavierübung

Im Flohzirkus, der später auch scherzhaft für eine Kindergruppe stand, traten tatsächlich Flöhe auf, die man mit feinem Silberdraht gefesselt zu Fluchtbewegungen zwang, um dies dann zur Miniakrobatik zu erklären. Im Flohkino, also einem kleinen, schmuddeligen Lichtspielhaus, ging man hingegen davon aus, dass sie sich dort allzu frei tummeln. Der Floh vorm Walzer soll schließlich verdeutlichen, dass es sich nur um ein ganz kleines, unwichtiges Klavierstückchen handelt, dem Rhythmus nach übrigens eher eine Polka.

° einen Frosch im Hals haben

beim Sprechen aufgrund der Stimmbildung Probleme haben

Der Ausdruck rührt vom medizinischen Begriff „Ranula" her, der „kleiner Frosch" bedeutet. Die Ranula ist eine Zyste im Mundboden, die auch Froschgeschwulst genannt wird, da die Schwellung wohl froschähnliches Aussehen hat. Wer beim Sprechen also wegen Heiserkeit, Schluckbeschwerden oder, noch schlimmer, Schüchternheit Probleme hat, hat es genauso schwer, wie einer, den eine Ranula plagt, aber nicht ganz so schwer wie ein Franzose, denn der hat gleich eine ganze Katze verschluckt (avoir un chat dans la gorge).

° Sei kein Frosch!

Sei kein Feigling!, Zier dich nicht!

Diese Aufforderung bezieht sich wohl darauf, dass Frösche extrem schreckhaft sind und, sobald man ihnen zu nahekommt, das Weite suchen. In der Fachliteratur findet sich aber auch der Hinweis auf das Märchen vom Froschkönig, obwohl sich hier ja eindeutig die Königstochter ziert, den Frosch zu küssen, und es somit wohl eher „Sei keine Prinzessin!" heißen müsste.

° Fuchs

schlauer Schwanzträger

Wie beim Bären ist sein Name eigentlich eine tabuisierende Umschreibung des Unheimlichen, das man besser nicht beim Namen nennt, und bezieht sich auf den buschigen Schwanz, der im Altindischen „púccha" hieß. Denn der Fuchs galt zwar schon immer als besonders listig, den Germanen aber auch als dämonisches Geistertier mit schier unglaublichen Fähigkeiten. In seiner „Historia animalium" schrieb Conrad Gesner noch im 16. Jahrhundert, der Rotfuchs an sich sei listig, boshaft und vorwitzig, überliste Igel, indem er auf sie pinkle, Raben, indem er sich als Aas verkleide, und Fische, indem er seinen

Schwanz als Angel benutze. Auch sein Fabelname hat übrigens mit Cleverness zu tun: Meister Reinecke kommt von deutschen Vornamen Reginhard/Reinhard, das „stark im Rat“, also schlau bedeutet.

fuchsen

sich ärgern

Dies hat wahrscheinlich nichts mit dem Tier, sondern mit dem schon seit dem 11. Jahrhundert bekannten Wort „fucken“ zu tun, das „hin und her bewegen“, bedeutet. Was einen fuchst, macht einen also unruhig und fahrig. Eng verwandte Wörter sind übrigens neben „foppen“ und den „Faxen“ auch „ficken“, „facken“ und das veraltete „fickfacken“, wobei durchaus strittig ist, ob diese Wortfamilie schon immer auch im Zusammenhang mit Sex gebraucht wurde.

fuchsteufelswild

ganz besonders wütend sein, sich wild gebärden

Das ältere Tiroler Wort „fuchswild“ deutet darauf hin, dass der Teufel hier lediglich später als verstärkender Zusatz eingefügt wurde. Gemeint ist wohl die Wildheit der Befreiungsversuche eines in die Falle gegangenen oder auch eines mit Tollwut infizierten Fuchses. Übrigens gilt die Fuchstollwut in Deutschland nach offiziellen Angaben seit mindestens 2006 als ausgerottet.

wo sich Fuchs und Hase gute Nacht sagen

eine äußerst entlegene, friedliche und menschenleere Gegend

Nicht nur, dass Füchse und Hasen in dieser Wendung eher Neulinge sind, früher wusste man scheinbar auch genau, wo ihre Vorgänger zu finden waren. So berichtet der Simplicissimus 1668 von „einem sehr lustigen Orte am Spessart (...), allwo die Wölfe einander gute Nacht geben.“ Gemeint war schon damals: Wo scheue Tiere Muße für Höflichkeiten haben, da stört mit ziemlicher Sicherheit kein Mensch. Allerdings: Glaubt man anderen Sprachen, so können Fuchs und Hase dort statt Waldeinsamkeit eher Kunstflüge zu höllischen Latino-Rhythmen genießen. Denn mit gleicher Bedeutung sollen an diesem Orte auch australische Krähen rückwärts fliegen (where the crows fly backwards) und kubanische Teufel Lieder zum Besten geben, denen leider niemand zuhört (donde el diablo canto y nadie lo escuchó).

Gans

gefährliches Gähnen

Gans kommt von Gähnen: Als „ganshabuh" ist sie schon seit dem 8. Jahrhundert bekannt, ihren heutigen Namen trägt sie dann bereits im Althochdeutschen. Lautlich deutet Gans wahrscheinlich auf eine Entstehung als Variante von „Gähnen" hin, womit das drohende Zischen und Fauchen gemeint ist, das man hören kann, wenn man einer Gans oder ihrem Gelege zu nahekommt.

Gänsefüßchen

Anführungszeichen

Im 18. Jahrhundert wurden die heute als „französische Anführungen" oder „Möwchen" bekannten „Guillemets" in ihrer einfachen Variante auch im Deutschen verwendet, die insofern Gänsefüßen ähneln, als sie ebenfalls V-förmig sind. Zudem hatte man damals auch für unsere üblichen Anführungen tierische Bezeichnungen wie Gänseaugen und Hasenöhrchen, die heute längst vergessen sind. So schrieb Jean Paul, allerdings kein Fan von Anführungen, noch 1819: „ … und so folgen wir natürlich gleichsam auf den Gänsefüßen dem Autor leichter und vernehmen ihn mit den Hasenöhrchen leiser."

Gänsehaut

Bärendienst der Evolution

Der Begriff leitet sich vom Anblick gerupfter Gänse ab, wobei die Balgdrüsen, in denen vorher die Federn steckten, generell leicht höckerig sind. Gänse haben also immer eine Gänsehaut. Bei uns hingegen müssen sich die Haarbalgmuskeln eigens zusammenziehen, um bei Kälte unsere Pelzhaare aufzustellen, und damit wir bei Angst und Gefahr mit gesträubtem Fell für unsere Angreifer größer wirken. Nur dass wir heute eben kein Fell mehr besitzen – was die Evolution wohl verpennt hat, unserem vegetativen Nervensystem mitzuteilen.

die Gans schlachten, die goldene Eier legt

eine sehr profitable Erwerbsquelle ohne Not zerstören

Auch wenn heutzutage in dieser Wendung oft ein Huhn einspringt, war die Gans eindeutig zuerst da. Bereits in der Antike berichtet Äsop, dass Gott Hermes einem Fan eine solche Gans geschenkt habe. Nach einigen güldenen Eiern habe der Schlaumeier wissen wollen, ob das Federvieh innen nicht vielleicht ebenfalls edelmetallisch sei und schlachtete es. Golden war die Gans dann zwar nicht, dafür aber ziemlich tot und der so reich Beschenkte wieder ein armer Tropf.

Hols der Geier!; Weiß der Geier!

ein Ausruf der Verwünschung; man weiß etwas nicht

Wer schon die ursprünglichen Namen von Bär und Fuchs für Tabuwörter hält, der wird natürlich „den Teufel tun", ebendiesen beim Namen zu nennen. So steht der Geier, wohl allein aufgrund seiner Vorliebe für Aas, hierzulande schon mindestens seit dem 15. Jahrhundert verhüllend für den Leibhaftigen. Dass er aber im Deutschen überhaupt als satanisches Pseudonym herhalten kann, hat wohl damit zu tun, dass der Gänsegeier noch im Mittelalter in Süddeutschland, an Mittelrhein und Mosel recht häufig war, bevor man ihn hierzulande zum Teufel jagte.

wie die Geier, geiern

gierig sein, gierig blicken

Vermutlich weil die um einen Kadaver versammelten Geier damit nicht sonderlich zimperlich umgehen und ihn innerhalb von Minuten fachgerecht zerlegen, wurde der pietätlose Aasgeier später zum Schimpfwort und früher bereits zum Inbegriff von Gier. So ist der Name wahrscheinlich aus dem germanischen „gira" abgeleitet und bedeutet der Gierige. Sicherlich ohne Kenntnis dieses Zusammenhangs hat man wiederum in jüngster Zeit aus dem Wort „gieren" umgangssprachlich den alten Bezug zum Greifvogel hergestellt, sodass man heute wieder aus Gier nach etwas geiern kann.

(alte) Glucke

eine übertrieben fürsorgliche Mutter

Ebenso wie Küken und Gockel soll auch das Wort Glucke aus der Nachahmung der Hühnerlaute, in diesem Fall des Lockrufes der Bruthenne entstanden sein. Dass die Glucke das exakte und wehrhafte Gegenstück zur sprichwörtlichen Rabenmutter ist, können so mancher Hund und so manche Katze schmerzhaft bestätigen, die sich zu sehr für eines ihrer Küken interessiert haben.

eitler Gockel

ein angeberischer und eingebildeter Mensch

Der Gockel ist eine Verkürzung des ursprünglichen Gockelhahns und wer stolz und staksig einherstolziert, ähnelt im Volksmund schon seit dem 16. Jahrhundert eben jenem gockelnden Hahn, der den Sammelruf im Hühnerhof anstimmt, damit ihn auch jedes dumme Huhn betrachte. Ein verliebter Gockel tut eigentlich das Gleiche, nur dass er sich dabei allzu offensichtlich um eine ganz bestimmte Henne bemüht.

eine Grille haben

sich einer Laune, einer wunderlichen Idee hingeben

Das Wort Grille nimmt lautmalerisch Bezug auf das charakteristische Zirpen der Männchen, ist als „der Grill" bereits seit dem 10. Jahrhundert bekannt und mit dem Wort „grell" verwandt. Dass „eine Grille im Kopf haben" mit einer verrückten Idee, einer närrischen Vorstellung gleichgesetzt wird, findet man schon in der Literatur des 16. Jahrhunderts und hat, ähnlich wie beim Ohrwurm, seinen Ursprung in altem Aberglauben, dass Grillen als Krankheitsdämonen oder Urheber einer „Grillenkrankheit" sich übers Ohr zum Hirn vorarbeiten und dort allerlei Unfug bis hin zum Wahnsinn veranstalten.

Grünschnabel

ein junger, unerfahrener Mensch

Der Grünschnabel war nicht immer grün. Im Sprachgebrauch früherer Zeiten findet sich gleichwertig der Gelbschnabel, was zoologisch wohl auch treffender ist. Denn die Signalfärbung der Schnabelansätze bei Jungvögeln, die den Vogeleltern unmissverständlich klar machen soll, wo das Futter hineinkommt, ist meist eher orange-gelb als grünlich. So kann Goethes Mephisto im Faust II noch feststellen, dass wenn man „der Jugend reine Wahrheit sagt", dies den „gelben Schnäbeln keineswegs behagt." Doch im Grimmschen Wörterbuch firmiert bereits „ein junger vogel, der noch ‚gelb um den schnabel' ist".
Das erinnert natürlich an „noch grün hinter den Ohren" und weil Grün schon immer mit frischen, aber auch unreifen Dingen assoziiert wurde, verdrängte der junge Grün- allmählich den guten alten Gelbschnabel.

Hahn im Korb

der einzige Mann, der Liebling unter lauter weiblichen Personen sein

Sein Name, im Althochdeutschen „han(o)", hat wohl ursprünglich die Bedeutung Singen oder Sänger und ist tatsächlich mit dem französischen „cHANson" verwandt, obwohl es bestimmt nicht nur Morgenmuffeln schwerfällt, sich für das Krähen als Musik zu begeistern. Begeistert von ihm sind jedenfalls die Hennen im Korb, wobei hier wohl der geflochtene Bastkäfig gemeint ist, mit dem sie früher auf den Markt getragen wurden, und in dem der Hahn keine Konkurrenz wie mitunter auf dem Hühnerhof fürchten musste.

danach kräht kein Hahn

etwas ist absolut bedeutungslos oder bleibt völlig unbemerkt

Dieser Wendung liegt schlicht die Annahme zugrunde, dass ein Hahn so ziemlich wegen allem kräht. Wenn er dies aber nicht tut, hat er von etwas entweder nichts mitbekommen oder er hielt selbst das alltägliche Gockeln für sinnvoller. Schon Luther war 1534 eigentlich der Ansicht, dass dies oftmals zu Unrecht geschieht und dass so manches wichtige Ereignis unbemerkt oder unbeachtet bleibt, weil das menschliche Federvieh eben gerne ignorant ist und nicht über den eigenen Hühnerzaun hinausblickt: „da krehet kein han nach".

der rote Hahn

ein Hausbrand

Wem der rote Hahn aufs Dach gesetzt wird, wird redensartlich das Haus überm Kopf in Brand gesteckt – und das z. B. auch in Großbritannien (red cock). Angenommen wird, dass auf mittelalterlichen Drohbriefen ein roter Hahn als Gaunerzeichen die bevorstehende Brandstiftung ankündigte. Der harmlose Hahn wurde wohl nur wegen des Krähens zur Morgenröte, das mit Feuer assoziiert wurde, und seiner Gewohnheit, sich gerne auf den Dachfirst zu setzen, gewählt. Allerdings kennt schon die germanische Mythologie den roten Hahn Fjalar, der mit seinem Krähen die Götterdämmerung ankündigt.

Hahnenkampf, wie die Kampfhähne

ein unerbittlicher Kampf zwischen zwei sehr engagierten Männern

Schon Julius Caesar beschwert sich über gallische Hähne, die den römischen im Kampf überlegen sind. Hitzköpfiges Federvieh zum Kampf anzustacheln gehört wohl zu den ältesten und sinnfreiesten Hobbys der Menschheit. Um die nicht immer kampfsüchtigen Streithähne zu motivieren, war man von alters her erfindungsreich: So wird in der Kampfarena die natürliche Angriffsdistanz unterschritten, mit Schmerzmitteln und Doping gearbeitet, oft gar eine Kralle entfernt und durch scharfe Metallsporne ersetzt. Im Unterschied zur menschlichen Variante geht es bei den Tierkämpfen folglich selten um Weibchen oder unterversorgtes Ego, sondern vorrangig um den Blutdurst ihrer Besitzer.

Kredithai, Miethai, Börsenhai

rücksichts- und gewissenlose Vertreter des Raubtierkapitalismus

Auch wenn man in deutschen Gewässern keine allzu schlechten Erfahrungen mit dem Knorpeltier gemacht hat – selbst der große Heringshai interessiert sich nur für ebendiese – ist seine Gefährlich- und Gefräßigkeit schon lange sprichwörtlich. Und als Shakespeares Hexen in Macbeth ihren übelst denkbaren Zaubersud brauten, musste neben Wolfszahn, Drachenkamm und Mumie bereits ein ganzes Haifischmaul mit hinein. Glaubt man unseren Wortschöpfungen, hätte der ein oder andere Vertreter des Finanz- und Immobiliensektors das Ganze wohl noch zusätzlich abgerundet. Hai stammt übrigens vom altnordischen „har", das auch Haken bedeuten kann, und bezieht sich auf die gekrümmte Rückenflosse.

jemandem die Hammelbeine langziehen

jemanden schinden, bestrafen, zurechtweisen

Das Wort Hammel stammt zunächst einmal vom althochdeutschen „hamal" für „verstümmelt" und bezieht sich auf dessen Kastration. Wird ein Hammel nun weiter verstümmelt, sprich geschlachtet, so wird der Schlachter ihm die Beine langziehen, um sie zu häuten. Eine andere Herleitung bezieht sich auf den Haken am Schäferstab, mit der der Schäfer bestimmte Tiere aus der Herde herausziehen kann, was für das Schaf ja meist auch nichts Gutes bedeutet. Diese Redensart ist relativ jung und wohl aus der Soldatensprache in den allgemeinen Sprachgebrauch geraten.

Hammelsprung

ein Abstimmungsverfahren im Deutschen Bundestag

Es gibt zwar die weit verbreitete Ansicht, eine Hammelherde bestehe nicht unbedingt aus Intelligenzbestien und folge ziemlich blind einem Leithammel, dies hat aber natürlich nichts mit dem Bundestag zu tun und vermutlich noch weniger mit dem Hammelsprung. Bei dieser „Notlösung" eines Wahlverfahrens nach unklaren Stimmenzählungen müssen alle Abgeordneten den Saal verlassen und ihn nach einer kurzen Pause nacheinander durch eine Ja-, Nein- oder Enthaltungs-Tür wieder betreten. Der Bezug zum Schaf soll entweder auf dessen Gewohnheit, Hindernisse nacheinander zu überspringen, oder der Abbildung des Zyklopen Polyphem beim Zählen seiner Widder über der Ja-Tür basieren. Die Methode gab es übrigens bereits 1874 im Reichstag und die wahrscheinlichste Erklärung, dass sie noch nicht durch elektronisches Zählen ersetzt wurde, ist wohl die willkommene Pause, auf Politikerdeutsch als „wichtige Bedingung für die Frische und Gesundheit des parlamentarischen Lebens". So textete das Berliner Satireblatt „Kladderadatsch" bereits 1879 zur parlamentarischen Pausenposse: „Wie gern, ach! spräng' ich Hammel!"

Streithammel; Neidhammel

jemand, der gerne grundlos Streit anfängt; der chronisch neidisch ist

Da die Kampfeslust um die Mutterschafe beim kastrierten Hammel natürlich viel weniger ausgeprägt ist als beim Bock, wirkt diese Verbindung ein wenig wunderlich. Berücksichtigt man aber, dass der Hammel volkstümlich als noch dümmer als der Bock gilt, so wird durch diese Kombination hervorgehoben, dass fortwährende Streitsucht eben außerordentlich dämlich ist. Mehr als dämlich ist die tunesische Al-Missiabath-Tradition, die Tiere für Kämpfe durch Isolation, Alkohol und Medikamente eben doch zu Streithammeln zu machen. Den Neidhammel wiederum gibt es als „neidhemel" bereits seit dem 16. Jahrhundert und er entstand wohl nur aufgrund der lautlichen Ähnlichkeit zum Streithammel und der Tatsache, dass Neid ja ebenfalls eher unclever ist. Den Neid hatte der Hammel aber nicht immer für sich gepachtet, denn das „Grimmsche Wörterbuch" kennt einen Konkurrenten: den gemeinen Neidhund.

hamstern

mit viel Energie einen Vorrat anlegen

Heute gilt der Hamster aufgrund seiner fulminanten Backentaschen, die er fast bis zur Taille dehnen und in denen er eine gesamte Tagesration verstauen kann, als Sinnbild für intensive oder auch übertriebene Bevorratung wie bei Hamsterfahrten und Hamsterkäufen. Im „Allgemeinen Thierbuch" von 1669 weiß Conrad Forer allerdings von noch viel beängstigenderen Eigenschaften: Als „zorniges und habgieriges thier bekannt" diene er häufig zu Vergleichen wie „borstig wie ein hamster" und von einem aufbrausenden Menschen sage man: „er brustet wie ein hamster."

ich glaub, mein Hamster bohnert

Ausdruck vollkommenen Erstaunens

Relativ neu, sich ständig erweiternd und als Typus wohl Produkt der berüchtigten Berliner Schnauze ist eine ganze Gruppe von Redensarten, die alle gemeinsam haben, dass sie totale Überraschung als Ding der Unmöglichkeit beschreiben und auf tieferen Sinn gleich völlig verzichten. Dazu gehört der bohnernde Hamster, aber auch „Ich glaub, mich knutscht ein Elch", „Ich glaub, mein Schwein pfeift", „Ich glaub, mich tritt ein Pferd", „Ich glaub, mich bumst ein Bär" und der besonders charmante Beitrag aus der alten DDR: „Ich glaub, mich rammt ein Rotkehlchen."

wie ein Hamster im Rad

etwas mit großem Engagement, aber vollkommen vergeblich tun

Wilde Hamster legen auf der Suche nach Nahrung jede Nacht viele Kilometer zurück. Diesen Bewegungsdrang haben auch die Haustiere geerbt, die ihn im engen Käfig natürlich nicht ausleben können und daher auf die sportliche Betätigung im Laufrad angewiesen sind. Dies ist also durchaus sinnvoll und auch das hartnäckige Gerücht, Hamster könnten eine Laufrad-Sucht entwickeln, gilt mittlerweile als widerlegt. Für die redensartliche Sinnlosigkeit spricht also nur, dass der Hamster damit nirgendwo ankommt – ganz anders als unsereins mit Laufband und Spinning.

Hase

mitunter ziemlich teuer

Sein Name, althochdeutsch has(o), findet sich bereits im 8. Jahrhundert und bedeutet eigentlich „der Graue", also wie bei Bär und Fuchs eine tabuisierende Umschreibung. Der Hase kann redensartlich zwar auch für Cleverness stehen, etwa, wenn er als alter Hase zu abgebrüht und erfahren ist, um sich vom Jäger erlegen zu lassen. Meist ist er aufgrund seiner Aufmerksamkeit und schnellen Flucht heute als Angsthase jedoch eher Sinnbild für Furcht und Feigheit, wobei aber wohl nur ein Jäger erklären kann, was daran mutig sein soll, sich von ihm stattdessen erschießen zu lassen. In merowingischen Gesetzbuch „Lex Salica" wird übrigens bereits im frühen 6. Jahrhundert festgelegt, dass jemand für die Beleidigung „Hase" 3 Schillinge Strafe zu zahlen habe, genauso viel wie für „Scheißkerl".

Hasenfuß, Hasenherz

jemand der ängstlich vor allem flieht, ein Feigling

Vor dem 14. Jahrhundert galt der „hasen vûz" einfach als schneller und wendiger Läufer oder Jäger. So hieß ein englischer König des 11. Jahrhunderts stolz „Harald Hasenfuß". Erst später wurde daraus jemand überaus Furchtsames, der vor allem davonläuft. Dabei betont der Bestandteil Fuß nach dem Motto „Pars pro Toto" den Teil des Ganzen, mit dem geflohen bzw. beim Hasenherz den Teil, mit dem vermeintlich vorher gefürchtet wird.

Hasenscharte

Lippenspalte

Die Lippenspalte ist eine der häufigsten embryonalen Fehlbildungen beim Menschen und wurde früher wegen einer gewissen Ähnlichkeit zur Sinneskerbe des Wangenorgans der Hasen gemeinhin als Hasenscharte bezeichnet. Diese Gleichsetzung gibt es schon seit Ende des 15. Jahrhunderts, sie wird heute jedoch meist als diskriminierend empfunden.

° da liegt der Hase im Pfeffer

das ist der nicht sofort erkennbare Grund für eine bestimmte Situation

Wo der Hase im Pfeffer liegt, kommt Hasenpfeffer auf den Tisch. Gemeint ist hier nämlich das mittelalterliche Gericht aus Hasenklein, in dem sich der Hase natürlich nur findet, wenn er bereits das Zeitliche gesegnet hat. Zur Bedeutungsverschiebung der eigentlichen Aussage „der Hase, die Sache ist erledigt" zu „hier liegt der verborgene Grund für etwas" gibt es zahlreiche Theorien. Eine sehr plausible besagt, dass das Hasenklein, also das nicht zum Braten geeignete Fleisch, mitunter so fein gewürfelt wurde, dass nicht auf den ersten Blick erkennbar war, dass da tatsächlich ein Hase im Pfeffer lag.

° wissen, wie der Hase läuft

aus Erfahrung wissen, wie sich eine Sache entwickelt

Will ein Jäger einen bereits fliehenden Hasen erschießen, so muss er die grundsätzliche Richtung, in die das Langohr rennt, vorausahnen und darf sich nicht von den ständigen Haken, die der Verfolgte schlägt, verwirren lassen. Er sollte also von vornherein wissen, wie der Hase läuft.

° mein Name ist Hase, ich weiß von nichts

sich dumm stellen, ahnungslos tun

Dieser Hase hat einen echten Namenspatron, wenn auch keinen tierischen: Victor von Hase. Der Jurastudent musste sich im Jahr 1855 in Heidelberg vor Gericht verantworten, denn er soll einem polizeilich gesuchten Kommilitonen zur Flucht nach Frankreich verholfen haben. Als Kenner seiner Rechte wusste er, dass er sich nicht selbst belasten und nur seinen Namen nennen musste. Also sagte er schlicht: „Mein Name ist Hase, ich verneine die Generalfragen, ich weiß von nichts!" und verließ das Gericht als freier Mann. Diese clevere Einsilbigkeit wurde schnell unter den Studenten in ganz Deutschland berühmt – und wer weiß, vielleicht wusste er ja tatsächlich nichts.

Hecht im Karpfenteich

in einer Gruppe der überlegene Störenfried sein

Der Hecht im Karpfenteich soll derjenige sein, der die Karpfen im Teich durch ständige Jagd „auf Trab" hält, also Unruhe stiftet. Diese Redensart ist zum ersten Mal im 18. Jahrhundert belegt, beruht aber wohl auf einem Missverständnis. Denn Aufgabe des Hechtes in der Teichwirtschaft war lange Zeit, die kleinen und weniger gewünschten Fischarten zu fressen, damit die Zuchtkarpfen weniger Nahrungskonkurrenz hatten. Solange man sich daran hielt, möglichst kleine Hechte mit großen Karpfen in einem Teich zu halten, war der Hecht für den Karpfen also viel mehr Garant für einen gedeckten Tisch als ständige Bedrohung.

ein doller (toller) Hecht

ein Draufgänger und Weiberheld

Der Hecht gilt von alters her als räuberisch und unglaublich verfressen. „Brehms Tierleben" von 1892 nennt ihn gar den „Hai der Binnengewässer" und berichtet ziemlich dramatisch von Attacken auf sogar Fischotter und Maulesel und von einer recht eigenartigen Vorliebe für Hände und Beine sich waschender Mägde. Warum der Hecht diese etwa sich waschenden Knechten vorzieht, wird wohl Brehms Geheimnis bleiben. Klar ist aber, dass zunächst nur räube-rische Menschen Hecht genannt wurden und es erst später zu einer Bedeutungsverschiebung im Sinne von „ein toller Typ oder Kerl" kam.

ziehen wie Hechtsuppe

starke Zugluft

Die Herkunft der Wendung ist nicht sicher belegt, klar ist nicht einmal, wie ausgerechnet der Hecht dort hineinkam. So soll das jiddische „hech supha" die Bedeutung „starker Wind" haben, womit der Hecht aus dem Schneider wäre. Allerdings ist diese Herleitung äußerst strittig und eine andere bezieht sich darauf, dass eine Fischsuppe eben lange köcheln, also ziehen muss, bis sie schmeckt. Auch dann wäre ausgerechnet der Hecht wohl eher zufällig in die Suppe geraten.

Heimchen am Herd

eine Hausfrau, die vollkommen in ihrer traditionellen Rolle aufgeht

„Ein Heimchen am Herd zu haben, ist das größte Glück von der Welt!", heißt es in Charles Dickens Weihnachtsgeschichte von 1846. Das Heimchen ist dabei die Hausgrille, deren Bezeichnung als Verkleinerungsform seit dem 15. Jahrhundert üblich ist. Dickens hat hier den alten Volksglauben an das Heimchen als Verkörperung des Hausgeistes verarbeitet, der hilfreich, treu sorgend und beinahe unsichtbar über das Haus wacht - ganz so, wie man sich früher die Hausfrau vorstellte: als guten Geist des Hauses.

wie die Heuschrecken über etwas herfallen

etwas rasch und unerbittlich zerstören

„Viel Saatgut trägst du aufs Feld, aber du erntest wenig. Das andere hat die Heuschrecke gefressen." - Schrecken haben schon in biblischen Zeiten ebensolchen verbreitet, dennoch hat ihr Name nichts mit Furcht, sondern mit dem alten Verb „schrecken" zu tun, das springen bedeutet. Schwärme etwa der Wanderheuschrecke können aus Milliarden Tieren bestehen und ganze Landstriche in wenigen Stunden verwüsten. Es ist also sehr nachvollziehbar, warum sie auch sinnbildlich für maßlose Zerstörung und reine Gier stehen. In früheren Zeiten waren sie sogar in Europa nicht selten und man wäre ihnen hilflos ausgeliefert gewesen, hätte die Kirche nichts unternommen: Im französischen Troyes wurden im 16. Jahrhundert die Heuschrecken, nachdem diese eine Vorladung vor Gericht missachteten, zur Strafe exkommuniziert. Und auch die Freiburger Anwälte, die 1481 einen Heuschreckenschwarm vor einem Basler Gericht vertraten, konnten die Verbannung ihrer Mandanten aus der heiligen Mutter Kirche nicht verhindern.

Huhn

die Steigerung zum Hahn

Die Frage, ob zuerst das Huhn oder das Ei, lässt sich kaum abschließend klären, wohl aber, dass sprachlich der Hahn vor dem Huhn kam. Denn Huhn soll als so genannte Vokalsteigerung und Ableitung von Hahn schlicht „das zum Hahn Gehörige" bedeuten.

mit jemandem ein Hühnchen zu rupfen haben

mit jemandem noch eine offene Rechnung haben, ihn zur Rede stellen

Die Wendung selbst ist noch keine 200 Jahre alt, doch finden sich ähnliche Androhungen schon wesentlich früher und auch in anderen Sprachen, etwa in Shakespeares „Komödie der Irrungen", wo stattdessen eine Krähe zu pflücken ist. Und dieses Pflücken oder Rupfen weist auf den ursprünglichen Bezug, denn das lateinische Verb „carpere" kann neben „rupfen" und „pflücken" auch „tadeln" bedeuten. Wurde jemand ordentlich zusammengestaucht, also gerupft, lag die Assoziation zum gerupften Hühnchen natürlich sehr nahe.

Hummeln im Hintern haben

sehr unruhig oder tatendurstig sein

Die Hummel könnte heutzutage auch Summel heißen, denn ihr Name ist eine alte lautmalerische Beschreibung ihres Summtons. Da man im Mittelalter ja so manche Krankheit Getier wie Grillen und Ohrwürmern zuschrieb, lag auch die scherzhafte Verwendung solcher Vorstellungen nicht fern, wobei diese durchaus etwas derber ausfielen als in späteren Zeiten. So ist im „Deutschen Sprichwörter-Lexikon" 1870 von Hummeln im Gesäß die Rede, während Martin Luther ganz unverblümt diagnostizierte: „Er hat humel ym arse".

Hummel, Hummel – Mors, mors!

Hamburger Höflichkeiten

Apropos „ym arse": Auf Hamburgisch heißt dies „'m ors", also „Mors". So hat dies ebenso wenig mit Morsen zu tun, wie das „Hummel" mit dem Tier. Der Hamburger „Schlachtruf" bezieht sich auf ein Original des 18. Jahrhunderts, den Wasserträger Wilhelm Benz, der seinen Spottnamen „Hummel" von dem ebenfalls stadtbekannten Daniel Christian Hummel geerbt haben soll. Im wackelnden Gang mit den schweren Wassereimern muss der dürre Hummel eine so komische Figur abgegeben haben, dass die Straßenjungen ihn ständig mit seinem Spitznamen neckten, worauf dieser einsilbig und missmutig mit der oben erklärten Verwünschung ganz im Sinne von Berlichingens antwortete.

Hund

treu wie ein falscher Hund

Der Hund, vielleicht abgesehen von Ratten und Flöhen, ist wohl das Tier, das die größte Geduld im Zusammenleben mit Menschen aufbringt – immerhin seit mindestens 30 000 Jahren. Da haben beide Seiten wohl so ihre Erfahrungen gemacht und daher kann der Hund heute im redensartlichen Ausdruck auch ziemlich für alles dienen. Er ist nichtswürdig, elend, unterwürfig, unmoralisch, untreu oder lüstern und gleichzeitig treu ergeben, wachsam oder draufgängerisch. Der Himmelhund ringt durch Dreistigkeit Bewunderung ab, aber spätestens beim frechen, falschen, scharfen, kalten, blöden, feigen oder gar Schweinehund hört der Spaß auf. Wie Schwein und Affe kann der Hund als wertender Teil einer Zusammensetzung verstärkend gebraucht werden, allerdings nahezu ausschließlich negativ. Das Leben gerät zum Hundeleben, gemeiner als gemein ist hundsgemein und so fort. Und ein Verb hat er auch zu bieten, denn verhunzen stammt ebenfalls von Hund.

Hundstage

besonders heiße Tage

Das deutsche Wort ist in dieser Form schon seit dem 14. Jahrhundert bekannt, der Begriff aber weitaus älter. Er bezieht sich auf den „Hundsstern" Sirius im Sternbild „großer Hund", dessen Erscheinen am Morgenhimmel bei den alten Ägyptern die Nilschwemme und bei den Griechen die Sommerhitze ankündigte. Unser Beginn der Hundstage am 23. Juli rührt allerdings vom Zeitpunkt seines Erscheinens im alten Rom her und passt schon seit langem nicht mehr zur Position des Sirius, der sich hierzulande erst wieder Ende August blicken lässt. Damit Hundstage und Stern wieder übereinstimmen, müssen wir uns aufgrund des Kreiselns der Erdachse noch ein wenig gedulden, ungefähr 23 000 Jahre. Sowohl Römer als auch Griechen pflegten übrigens in dieser Zeit, Hunde totzuschlagen oder zu opfern, um sich vor Tollwut zu schützen, für die man den Hundestern verantwortlich machte.

auf den Hund kommen

sozial oder persönlich in sehr schlechte Verfassung kommen

Es gibt zahlreiche Erklärungen dafür, wie man auf den Hund kommt. So soll früher z. B. in Geldkassetten und Geldtruhen ein Hund als symbolischer Wächter auf den Innenboden gemalt worden sein. Hatte man all sein Geld ausgegeben, wurde die Malerei am Boden wieder sichtbar und man war folglich auf den Hund gekommen. Eine andere Deutung besagt, dass wer als Bauer verarmte und sich statt des Pferdes oder Ochsen nur noch einen Hund als Zugtier leisten konnte, somit auf ebendiesen kam. Die interessanteste Erklärung liefern die Grimms mit einem alten Rechtsbrauch: „auf der verächtlichkeit des hundes beruht die alte strafe des hundetragens". Dabei habe der Verurteilte einen Hund tragen müssen, um „damit anzuzeigen, dasz er wert sei (...), an der seite eines hunds aufgehängt zu werden".

aufpassen wie ein Schießhund

ganz besonders aufmerksam sein

Der Schießhund ist in der Jägersprache derjenige Vorstehhund, der hochgespannt in „Habachtstellung" darauf wartet, dass der Jäger schussbereit ist und auf ein Zeichen losstürmt, um das Wild aufzuscheuchen, damit sein Herrchen auch was trifft.

bekannt wie ein bunter Hund

in seinem Umfeld ganz besonders bekannt sein

Den bunten Hund als etwas allseits Bekanntes gibt es schon mindestens seit dem frühen 18. Jahrhundert. Die übliche Erklärung dafür ist aber nicht recht zufriedenstellend: Die meisten Hunde seien einfarbig odere höchstens zweifarbig gescheckt und daher sei etwas so Ungewöhnliches wie ein mehrfarbiger Hund eben überall bekannt gewesen. Ob dies so stimmt, darf bezweifelt werden, denn etwa dreifarbige Tiere, seien es Mischlinge oder Tricolor-Rassen wie Beagle oder Sennenhund dürften auch in früheren Zeiten kein seltener Anblick gewesen sein. Dagegen spricht auch, dass man in Spanien bekannt wie ein grüner Hund und in Frankreich bekannt wie der weiße Wolf sein kann (connu comme le loup blanc), und so wird hier (mit Ausnahme eines Albinismus beim Wolf) im Sinne von „quietschbunt" wohl eher eine sensationelle Unmöglichkeit als eine Seltenheit ausgedrückt.

da liegt der Hund begraben

da ist der verborgene Kern, der Sinn, das Entscheidende einer Sache

Wo bei dieser titelgebenden Redensart allerdings der Hund begraben liegt, ist durchaus umstritten. Es gibt eine Vielzahl falscher Erklärungen wie den schlecht eingemauerten Hundekadaver im Berlin der Dreißiger, dessen Schwanz noch aus der Wand ragt, oder den Thüringer Gedenkstein von 1630 zu Ehren eines vierbeinigen Liebesboten. Eine weitere, recht banale Erklärung bezieht sich darauf, dass es mit gleichem Sinn französisch „c'est là qu'est le lièvre", also „da liegt der Hase" heißen kann. Beide Orte, der Liegeplatz eines Hasen und das nicht markierte Grab eines Hundes, sind nahezu niemandem bekannt – wer sie findet, hat also eine echte Entdeckung gemacht. Viel interessanter und auch wahrscheinlicher: Entweder ist damit nach einem Volksglauben aus dem 17. Jahrhundert der schwarze „Schatzhütehund" als Bewacher von Vergrabenem gemeint, je nach Sage entweder der Teufel oder der Geist des geizigen Heimlichtuers. Oder aber die Wendung hat überhaupt nichts mit dem Haustier, sondern mit dem althochdeutschen „hunda" zu tun, das Hundert und übertragen Beute oder Schatz bedeutet. Folglich wäre der Hund dort be-, wo der Schatz vergraben ist.

damit lockt man keinen Hund hinterm Ofen vor

etwas ist nicht ausreichend, um große Aufmerksamkeit oder Begeisterung zu wecken

Was auch nicht verwundert, denn eigentlich müsste es heißen, einen Hund unter oder aus dem Ofen hervorlocken, wie ältere Varianten des 16. Jahrhunderts belegen. Die Öfen früherer Zeiten standen oft auf Beinen, zwischen denen es natürlich angenehm warm war und wo Hunde es sich gern gemütlich machten. War das Feuer aus, wurde mitunter auch die Restwärme im Ofenloch selbst gesucht. Um nun den Hund davon zu begeistern, diesen heimeligen Ort zu verlassen, bedurfte es überzeugender Argumente – oder einer Wurst.

da wird der Hund in der Pfanne verrückt

Ausdruck entrüsteter Verwunderung angesichts einer Unglaublichkeit

Der deutsche Humor: Unser Nationalspaßvogel Till Eulenspiegel, die literarische Figur des 16. Jahrhunderts, zieht ja seine Komik vor allem daraus, dass er bildhafte Wendungen wörtlich nimmt oder etwas gezielt missversteht. In der 45. Historie arbeitet Till als Geselle eines Bierbrauers in Einbeck. Der Brauer bittet ihn nun, Hopfen in die Siedepfanne zu geben und da der Hund des Brauers ganz zufällig „Hopf" heißt, muss dieser dran glauben: „Den nahm er, als das Wasser heiß war, warf ihn hinein und ließ ihn tüchtig darin sieden, daß ihm Haut und Haar abgingen und das ganze Fleisch von den Knochen fiel." So wird das Tier in der Pfanne verrückt vor Schmerzen, sein Besitzer anschließend verrückt vor Wut und der geneigte Leser verrückt vor Lachen.

° es regnet Hunde und Katzen

es regnet außerordentlich stark

Haustiere regnet es traditionell in Großbritannien und erst in den letzten Jahrzehnten sind sie bei uns gelandet, auch wenn es regional bereits früher hieß: „Es hagelt Katzen." Es gibt gute Gründe anzunehmen, dass „it is raining cats and dogs" eine Erfindung des exzentrischen Schöpfers von „Gullivers Reisen", Jonathan Swift, ist. In seinem Gedicht „Beschreibung eines Stadtregens" von 1710 erzählt er, wie angesichts der katastrophalen hygienischen Verhältnisse allerlei Unrat und eben auch tote Hunde und Katzen durch die Straßen gespült werden. 1738 ist er dann auch der Erste, der die konkrete Wendung in einem Text benutzt. Übrigens ist das Phänomen regnender Tiere mehrfach belegt, allerdings fielen keine Säugetiere, sondern Frösche, Grillen, Ameisen und Aale vom Himmel bzw. aus Wind- oder Wasserhosen, die sie zuvor aufgesogen hatten.

° etwas ist ein (ganz) dicker Hund

ein besonders schwerwiegender Fehler, ein unerhörter Vorgang

Der dicke Hund hat sich erst im 20. Jahrhundert in der Umgangssprache breitgemacht. Dies mag daran liegen, dass man nur mit zunehmendem allgemeinen Wohlstand auch jenseits der Eliten damit beginnen konnte, seinen Schoßhund ähnlich zu überfüttern wie sich selbst. War also das eigentliche Gebrauchstier über die Maßen wohlgenährt, so dürfte dies zunächst ein ziemlich gewöhnungsbedürftiger Anblick gewesen sein.
Bei den Brüdern Grimm wird allerdings auch darauf hingewiesen, dass es früher wohl einer schweren Beleidigung gleichkam, einen fetten Hund vor die Füße geworfen zu bekommen.

heulen wie ein Schlosshund

(laut)stark weinen, jammern

Gemeint ist hier nicht der Hund, der das Schloss bewacht, sondern das Tier, das samt Kettenschloss an der Kette liegt und davon selbstredend nicht begeistert ist.

schlafende Hunde wecken

jemandes Aufmerksamkeit auf etwas lenken, das besser unbeachtet bliebe

So mancher Gutbetuchte hat sich angesichts der neuesten Steuersünder-CD wohl gefragt, ob er dem Fiskus noch schnell seine alpinen Milliönchen offenbare oder ob er damit nur schlafende Hunde wecke. Der schlafende Hund ist also in diesem Sinne ein bissiger Wachhund, der einen bislang noch nicht entdeckt hat. Dass man aber in Frankreich nicht einmal die schlafende Katze wecken darf (il ne faut pas réveiller le chat qui dort), mag daran liegen, dass man dort keine Amnestien für Steuerbetrug kennt.

vor die Hunde gehen

verelenden, verkommen, kaputt gehen

Auch hier gibt es mehrere Herleitungen: So mag die Rede von krankem und schwachem Wild sein, das von Jagdhunden leicht erlegt wird – ähnlich wie in „jemand den Hunden zum Fraß vorwerfen" – oder von der schlechtesten Würfelseite bei antiken griechischen und römischen Würfelspielen, die man als Hund bezeichnete. Die letzte Erklärung bezieht sich auf den Bergbau, wo das Ziehen der „Hunte", des Transportkarrens, eine niedere Tätigkeit war, die oft auch als Bestrafung eingesetzt wurde.

wie Hund und Katze sein

sich andauernd streiten

Kommen zwei nicht miteinander aus, ohne ständig über den anderen herzufallen, so leben sie wie die sprichwörtlichen Erzfeinde Hund und Katze. Die Wendung findet sich schon im Mittelhochdeutschen und soll darauf gründen, dass ihre Körpersprache sich fundamental unterscheidet und der eine als Bedrohung ansieht, was der andere als Begrüßung meinte. Wer Hund und Katze hält, weiß aber, dass es dennoch Hoffnung gibt, denn früher oder später sind die Machtverhältnisse meist geklärt und die Katze hat das Sagen.

I

stinken wie ein Iltis

äußerst penetrant riechen

Der germanische Ursprung von Iltis lautet „wis(j)o“, wovon auch „Wiesel“ abgeleitet ist. Das germanische Wort stammt vermutlich wiederum vom lateinischen „vissio“ für Gestank. Dies bezieht sich auf ein öliges Sekret der Analdrüse, das auch zur Verteidigung eingesetzt wird, gut haftet und bestialisch stinkt. Gar nicht so unclever, denn die stärksten Stinkdrüsen aller Marder schützten ihn nicht nur vor Fressfeinden, sondern auch lange Zeit vor allzu großen Begehrlichkeiten der Pelzindustrie.

K

das Goldene Kalb anbeten, der Tanz ums Goldene Kalb

einen falschen Götzen, puren Prunk und Reichtum anbeten

Diese Wendung hat wahrlich biblisches Alter: Als die Israeliten die Flucht aus Ägypten deutlich zu anstrengend und den Gott mit dem neuen Namen zu wenig spaßbetont fanden, bot Moses' Bruder Aaron am Berg Sinai mit dem Goldenen Kalb die Gelegenheit, noch einmal richtig abzutanzen. Natürlich war das Gold bei diesem Kult nur Beiwerk zum Kalb – golden war damals so ziemlich jeder Götze, der es sich leisten konnte. Die Jahwe treu blieben, hingen sich dennoch vorrangig am Edelmetall auf und so steht das Goldene Kalb heute für die Anbetung des Geldes und der Tanz wurde zum Sinnbild dafür, dass sich bei manchen alles um den „schnöden Mammon“ dreht.

durstig wie ein Kamel (in der Wüste)

ganz besonders durstig sein

Diese Wendung hat einen wahren und einen unwahren Kern. Zum einen können Kamele unglaublich viel Wasser speichern und dann auch sparen, sodass sie deutlich über eine Woche damit auskommen. Als Wasserspeicher dienen dabei nicht die Höcker, sondern spezielle Zellen der Magenwand. Außerdem können sie einen Wasserverlust von etwa 25 Prozent verkraften, während unsereins bereits nach der Hälfte dessen definitiv hinüber wäre. Sie können also Durst ganz besonders gut ertragen. Bietet sich aber einmal die Gelegenheit, so saufen sie in wenigen Minuten bis zu 120 Liter und das wiederum kann man wohl zu Recht einen Mordsdurst nennen.

wie das Kaninchen vor der Schlange

starr vor Schreck sein

Nicht nur Karnickel erstarren angesichts einer nahenden Schlange, sondern mitunter auch Vögel, Eidechsen, Ratten und Mäuse, was alles andere als dumm ist. Viele Schlangen reagieren vorrangig auf Bewegungen und Vibrationen und so bietet Bewegungslosigkeit gute Chancen, „übersehen" zu werden. Das englische Pendant „like a deer in headlights" verweist auf das ähnliche Verhalten von Rehen und Hirschen, die in den Lichtkegel von Autoscheinwerfern geraten, leider mit den bekannten Folgen.

einen Kater haben

unter den Folgen eines Alkoholrauschs leiden

Diese Wendung meint unter Umständen gar nicht die männliche Katze, sondern soll im 19. Jahrhundert von der sächsischen Aussprache des Wortes „Katarrh", das auch Kopfschmerz bedeuten konnte, über die Studenten- in die Umgangssprache gekommen sein. Somit hätte der Kater ursprünglich auch nichts mit dem sinnverwandten Katzenjammer zu tun, der allerdings schon früher ebenfalls in der Studentensprache auftaucht. Dagegen spricht auch, dass schon Friedrich Laukhard 1792 in „Leben und Schicksale" schreibt: „... aber da warst du besoffen wie ein Kater". So soll der Kater sich nach anderen Darstellungen eher auf das morgendliche „Kratzen im Kopf" beziehen.

Katze

fast domestiziert

„Die Katze kennt so ziemlich jeder; | Nicht viel braucht's da aus meiner Feder. | Aus überreichem Weisheitsschatze | Schöpft unser Volk in punkto Katze." Was Eugen Roth hier konstatiert, kann man leicht an den über 1000 Katzen-Wendungen im Deutschen Sprichwörterlexikon von Wander nachprüfen. Doch obwohl sie uns schon seit mindestens 10 000 Jahren begleiten – aus dieser Zeit stammt ein zyprisches Grab, in dem sich jemand samt Katze bestatten ließ –, scheinen wir unseren Stubentigern nie ganz vertraut zu haben. Wahrscheinlich, weil ihnen die „hündische" Unterwerfung und die soziale Abhängigkeit gänzlich abgehen, was ja nicht anständig sein kann, gelten sie gerne als falsch. Eine Katzenwäsche ist keine richtige Wäsche, Katzengold kein Gold und das Katzbuckeln im Sinne von Einschmeicheln zeugt ebenfalls nicht von Ehrlichkeit. Auch Katzenmusik und Katzenjammer sind eher selten erwünscht, von der neunschwänzigen Katze ganz zu schweigen. Natürlich gibt es harmlosere Vertreter wie die Naschkatze, aber im Großen und Ganzen muss man wieder Eugen Roth Recht geben:
„Was man so von der Katze spricht: | Mit einem Wort, man traut ihr nicht."

Katzengold

ein golden schimmerndes Mineral

Katzengold ist ein anderer Name für das goldglänzende Mineral Pyrit und soll nichts mit Katzen und einiges mit einer südfranzösischen Sekte zu tun haben. Im Spätmittelalter wurde die Bezeichnung „Ketzer", die sich von der Sekte der Katharer ableitet, nicht mehr nur für Anders- und Selbstdenkende verwendet, sondern zunehmend auch auf wirkliche Verbrechen wie das Fälschen und Betrügen übertragen – daher auch der frühere Name „Ketzergold". Die findige katholische Kirche behauptete nun in ihrem Eifer, die Katharer schlecht zu machen, der Name leite sich nicht vom griechischen Wort für „rein", sondern vom lateinischen „cattus" für Katze ab. Die naheliegende Erklärung lieferte man gleich mit: Die Katharer würden eben gerne mal den Hintern einer Katze küssen, in der der Satan stecke. So war neben dem lautlichen auch der inhaltliche Bezug hergestellt. Grundsätzlich wurden aber auch minderwertige Dinge wie der Katzentisch zur Verdeutlichung mit einem Tier versehen, ohne dass der obige Bezug bekannt gewesen sein dürfte.

° Katzenjammer

moralische, oft übertriebene Niedergeschlagenheit oder ein einfacher „Kater“

Der Katzenjammer ist eine Schöpfung des 18. Jahrhunderts und stammt vermutlich ebenso wie der „Alkoholkater“ aus der Studentensprache. Während der Katzenjammer zunächst als Umschreibung so ziemlich jeden Körperschmerzes diente, wurde er nach und nach eher auf die Auswirkungen ausgiebiger Trinkgelage spezialisiert. Außerdem konnte und kann damit das einer unmoralischen Tat selbstmitleidige „Nachweinen“, also ein theatralisches Bedauern ausgedrückt werden. Der Ursprung aber liegt im „Konzert“ liebeshungriger Katzen und wen deren brünstige Gesänge schon schlaflose Nächte gekostet haben, weiß, warum dies tatsächlich zum Jammern ist.

° Katzenmusik / Katzenkonzert

Missklang oder Charivari

Was unsereins wie schlimmster Lärm tönt, ist für die Katze eben Musik. Kater legen oft mehrere Kilometer zurück, wenn Sie die eindringlichen Liebesrufe einer rolligen Katze hören. Meist treffen dann mehrere Kater am Ort der Verheißung ein, was zu einer ordentlichen Schlägerei und wiederum zu gewaltigem Radau führt. So stehen solche Katzenkonzerte auch für den alten ländlichen Brauch des „Charivari“ Pate, bei dem Maskierte nachts mit Lärminstrumenten vor ein Haus ziehen und mit ohrenbetäubendem Krach entweder einem neuvermählten Paar ein Ständchen bringen oder dezent auf ein im Dorf nicht gern gesehenes Verhalten wie aufgelöste Verlobungen, Ehebruch oder ständigen Zank hinweisen. Allerdings scheint die Katzenmusik zumindest den Musikanten derart Spaß zu bereiten, dass heutzutage auch ohne solche Anlässe Charivari veranstaltet wird. Ursprünglich war dies aber ein wesentlich unlustigerer Akt mittelalterlicher Selbstjustiz, der oft sogar mit dem Verwüsten des Hauses einherging.

° Katzentisch

ein Essenstisch für „mindere“ Gäste, oft für Kinder

Ursprünglich scheint das aus dem 17. Jahrhundert stammende Wort den tatsächlichen „Tisch“ der Katzen, also den Fußboden gemeint zu haben. Für den kleineren Tisch der unwichtigen Leute, meist der Kinder, ist dies wohl aus dem Bereich der Klöster eingeführt geworden, wo es eine Art niedrigeren Straftisch für die unbußfertigen Brüder und Schwestern gab, die etwa die Mette verpennt und daher kein Recht auf gleichwürdige Sitzplätze beim klerikalen Schlemmern hatten.

° abgehen wie Schmidts Katze

panisch fliehen; leicht reizbar und aufbrausend sein; besonders spaßig sein

Schmidts Stubentiger ist mit der redensartlichen Wollmilchsau offensichtlich eng verwandt und vielseitig einsetzbar: Wenn die Party in der Studenten-WG auch hinsichtlich Lautstärke abgeht wie besagte Katze, kann der cholerische Nachbar von nebenan gar dasselbe tun, nur mit deutlich weniger Spaß dabei. Ursprünglich sollte Schmidts Katze aber wohl die wertvollen Lederutensilien des Schmiedes vor Ratten und Mäusen beschützen. War der Schmied jedoch bei der Arbeit und schlug heftig auf den Amboss, so konnte man Schmiedes erschrockene Katze mitunter panisch abgehen, also flüchten sehen.

° da beißt sich die Katze in den Schwanz

man stößt mit einer vermeintlichen Lösung dummerweise wieder auf das gleiche Problem

Die Katze, die sich in den Schwanz beißt, macht die Katze, also die Sache rund. Das heißt, es gibt keinen Anfang und kein Ende. Was als Muster ganz hübsch aussieht, ist als logischer Schluss oder als Ergebnis einer Überlegung eher ein Debakel, denn man kommt da an, wo man angefangen hat, folglich auf jeden Fall nicht weiter.

° das ist für die Katz

etwas ist vollkommen zweck- oder wertlos

In „Vom Schmied und seiner Katze" erzählt Burkard Waldis im Jahr 1548 von einem Schmied, der einen eigentlich ganz modernen Gedanken hatte, nämlich die Höhe seiner Bezahlung von der Zufriedenheit seiner Kunden abhängig zu machen. Da aber nicht nur die heutige Dienstleistungsgesellschaft so ihre Tücken hat, fanden die Kunden dies prima und ein bloßes „Danke" meist genug. Der Schmied erfand aber eine frühe Form des Controllings und band eine Katze in seiner Schmiede fest – und immer, wenn sich wieder ein Kunde mit einem „Danke" davonstahl, sagte er: „Katz, das geb ich dir!" Da schnöde Worte natürlich für den Schmied nicht zum Leben, aber für die Katze zum Sterben genug waren, war das dann auch erst einmal das Ende der schönen Idee von leistungsgerechter Bezahlung.

° die Katze im Sack kaufen

etwas Minderwertiges unbesehen und in falscher Annahme kaufen

Hier hat wieder Till Eulenspiegel die Hände im Spiel bzw. im Sack. Allerdings ging dieser auf Nummer sicher und hat die Katze, die er in einem Sack ein paar Leipziger Kürschnern unterjubelte, zuvor noch in ein Hasenfell eingenäht. Bei der anschließenden Hasenjagd staunten die Kürschner nicht schlecht, als der vermeintliche Hase vor den Hunden auf einen Baum floh und von oben herabmiaute. Grundsätzlich geht es in dieser Wendung wohl darum, dass wer früher einen Hasen auf dem Markt kaufen wollte, sich das angebotene Langohr im Sack besser vorher ansehen sollte, denn das zappelnde Etwas konnte theoretisch eben auch die wesentlich billigere und deutlich weniger schmackhafte Katze sein. Das Problem kannten aber wohl nicht nur die Eulenspiegel-geplagten Deutschen, sondern auch z. B. unsere italienischen (comprare la gatta in sacco) und niederländischen Nachbarn (een kat in de zak kopen).

° die Katze aus dem Sack lassen

die Wahrheit einer vermeintlich anderen Sachlage offenbaren

Nach Eulenspiegels Katze im Sack sollte man annehmen, der Hintergrund dieser Wendung sei schlicht die Entdeckung, dass besagter Hase, holt man ihn aus dem Sack, eben gar keiner und somit der Betrug offensichtlich ist. Diese Herkunft ist aber durchaus umstritten: Ebenso denkbar ist, dass sie sich auf die unsägliche Gepflogenheit früherer Zeiten bezieht, lästig gewordene Katzen in einen Sack zu stecken und sie darin zu ersäufen. Lässt sie der mutige Katzenkiller, der sich derart vor ihren Krallen schützen wollte, aber aus dem Sack entkommen, so ist sein Vorhaben vereitelt, die Katze kommt ans Licht und hoffentlich dazu, sich für den Sack mit ein paar Kratzern und Bissen zu revanchieren.

Ist die Katze aus dem Haus, tanzen die Mäuse auf dem Tisch.

ist die übliche Autorität abwesend, schlagen alle über die Stränge

Dieses Sprichwort ist wirklich international und taucht in Variationen fast überall dort auf, wo Menschen Katzen halten und von Mäusen gepiesackt werden. Die Engländer, Franzosen und Spanier verzichten jedoch meist auf Haus und Tanz und lassen die Mäuse spielen, sobald die Katze weg ist. Meist, denn es gibt eine spanische Variante, in der die Nager zu Hause prompt eine Party schmeißen (Cuando el gato no está en casa, los ratones hacen fiesta.). Eine alte deutsche Form lässt die Mäuse gleich ganz aus dem Spiel (Ist die Katze ausgezogen, macht der Kater, was er will.) und andernorts kann man auf beide verzichten. So hüpfen die ghanaischen Frösche herein, wenn der Hausherr nicht daheim ist und der indische Affe will gleich König werden, sobald kein Tiger in den Bergen unterwegs ist.

mit jemandem Katz und Maus spielen

als Überlegener mit jemandem ein unfaires Spiel treiben

Katzen haben einen ausgeprägten Spieltrieb, der unsereins nicht immer sanftmütig erscheinen mag. Wie ihnen die Katzenmutter verletzte, aber noch lebende Mäuse zum Training am Objekt der Begierde anschleppte, so spielen selbst erwachsene Katzen gerne mit der gefangenen Maus, bevor sie ihr den Garaus machen. Die wohl ursprünglich aus Frankreich stammende übertragene Verwendung taucht im frühen 13. Jahrhundert auch im deutschen Sprachraum auf und findet sich im 15. Jahrhundert dann etwa beim Volksprediger Johann Geiler von Kaysersberg: „Und mit inen als ein katz mit einer mauß spylen".

sieben Leben wie eine Katze haben

unverwüstlich sein, den größten Gefahren immer wieder entkommen

Katzen, besonders schwarze, galten im Mittelalter, wahrscheinlich aufgrund ihres gänzlich unhündischen Eigensinns, als dämonische Tiere und Hexenbegleiter, die man gerne mal um die Ecke brachte. Allerdings wurde schnell klar, dass dies nicht so einfach ist. Schmiss man sie etwa von einem Kirchturm, was damals wegen Höhe und Heiligkeit als doppelt todsichere Sache galt, landeten sie meist unbeschadet auf ihren Pfoten – derzeiten natürlich teuflisch und auch heute immer noch spektakulär. Die Stubentiger entwickeln schon kurz nach der Geburt den sogenannten Umdrehreflex und schaffen es, sich im Fall so zu verdrehen, dass die Pfoten nach unten zeigen. Das ist fast gegen die Physik und eine Akrobatik, die unsereins mangels Katzenschwanz nie gelänge, ihnen aber in einer halben Sekunde. 1987 gab es eine vielbeachtete Studie von Tierkliniken, die bei über hundert abgestürzten Katzen feststellten, dass gute 90 Prozent den Fall aus durchschnittlich fünfeinhalb Stockwerken überlebten. Freilich hatte die Untersuchung einen ziemlichen Haken, da tote Katzen wohl kaum noch beim Tierarzt landeten. Trotzdem interessant, dass die Verletzungsrate bis zur siebten Etage stieg, danach aber wieder sank, weil die maximale Fallgeschwindigkeit erreicht war und die Katzen mit weit ausgestreckten Pfoten förmlich zu Boden segelten. Der beste Segler überlebte den Sturz aus dem 32. Stock mit wenigen Blessuren. Und noch etwas Erstaunliches: Der Organismus von Katzen kann manche Beschädigungen ihres Nervensystems reparieren, wodurch etwa Lähmungen wieder verschwinden, die bei fast allen anderen Säugetieren bleibend wären. Es ist also kein Wunder, dass sie etwa bei den Engländern sprichwörtlich nicht nur sieben, sondern gleich neun Leben haben.

wie eine Katze um den heißen Brei

sich mit einem Problem nur mit vielen Umschweifen und zögerlich beschäftigen

Wenn etwas bereits tot ist, mag sich die Liebhaberin fangfrischer Ware denken, liegt die Vermutung nahe, dass es folglich auch nicht mehr ganz gesund ist. Jedenfalls ist der Argwohn der Katzen angesichts unbekannter Nahrung ebenfalls sprichwörtlich geworden, zumal deutsches Futter auch noch ganz mäuseunüblich dampft. In der Schweiz allerdings kreist die Katze auch um frisches Mus, bei den Franzosen gleich um jeden Pott und bei den alten Lateinern musste gar der Wolf her, der ebenso vorsichtig um einen Brunnen tanzt: „Lupus circa puteum saltat."

ein komischer Kauz / kauzig sein

ein wunderlicher, eigensinniger Mensch sein

Zunächst einmal ist der Kauz ein Schreihals, denn das mittelhochdeutsche „kuze" bedeutet ebendieses. Der Name soll, etymologisch gesehen, etwas vereinfacht, das K von der Katze und das U vom Uhu entlehnt haben. Er galt schon seit alters her als Unglück und Tod bringend, einfach weil die Nacht, in der er nun mal unterwegs ist, damals nicht geheuer war. Scheucht man aber einen Kauz tagsüber auf, so reagiert er wie unsereins, wenn man uns um zwei Uhr nachts aus den Federn holt: ziemlich neben sich, tapsig und eben komisch. Das weiß man mindestens seit dem 16. Jahrhundert und seitdem gibt es auch die entsprechende Redensart.

Krokodilstränen vergießen

nur vorgeblich um etwas weinen

Wieder eine wirklich uralte Geschichte: Das Wort „krokódilos" bezeichnete als Kombination der Wörter für Kies und Wurm (drilos) wohl ursprünglich die Eidechse, bevor der erste Grieche vom Bad im fernen Nil nicht mehr zurückkam. Und schon bei den alten Römern hieß es, dass das Krokodil um die weint, die es gefressen hat, und später im Mittelalter, dass es weine wie ein Kind, um seine Opfer anzulocken. Für die übertragene Bedeutung ist aber nicht zuletzt Erasmus von Rotterdam verantwortlich, der argwöhnte, dass die Krokodile das Heulen womöglich gar nicht ernst meinen. Der wahre Kern dahinter: Krokodile flennen tatsächlich beim Fressen, vermutlich, weil sich dabei Luft aus den Nebenhöhlen mit der Flüssigkeit der Tränendrüsen verbindet. Und das vorgebliche Weinen der Kinder könnte ein echtes sein: Der Zeitpunkt des Ausschlüpfens ist für den Krokodil-Nachwuchs so gefährlich, dass die Möchtegern-Bestien eine Art Klagegeschrei von sich geben, der die Mutter dazu veranlasst, auf so ziemlich alles loszugehen, was sich ihrem Gelege nähert.

jemandem ein Kuckucksei ins Nest legen

jemandem ein sehr zweifelhaftes und nachteiliges Geschenk machen, jemandem etwas unterschieben

Sie legen traditionell gerne anderen ein Ei ins Nest und lassen diese dann ihre Arbeit tun. Die Youngster wiederum machen sich dort gehörig breit und schmeißen die Konkurrenz rigoros aus dem Nest, in dem sie dann ununterbrochen den Schnabel aufreißen und den Hals nicht vollkriegen. Klingt irgendwie nach Politik, ist aber ganz natürlich. Ein Kuckucksei oder auch Kuckuckskind ist dann im Volksmund übrigens das Kind eines anderen Vaters, das aber mit aufgezogen wird, zumal der vermeintliche Vater meist nicht weiß, dass er nicht der biologische Erzeuger ist.

Zum Kuckuck!; Weiß der Kuckuck!

Zum Teufel!; Weiß der Teufel!

Spätestens seit dem 16. Jahrhundert sah der Volksglaube den Kuckuck, wahrscheinlich weil er sich kaum blicken lässt und wegen seines eigentümlichen Rufens, als unheimliches Wesen, „des Teufels Küster“ oder gar als den Leibhaftigen selbst. Und wie der Geier wird er seitdem als Hüllwort verwendet, wenn man in Flüchen und Verwünschungen den Teufel nicht beim Namen nennen will, der hier aber eigentlich gemeint ist. Dass man Kuckucken schon wesentlich früher so allerhand Kurioses zutraute, wird an den Rezepten von Plinius im ersten Jahrhundert deutlich, der Kuckuckskot in Wein gegen Tollwut und den in einem Hasenbalg eingenähten Vogel gegen Schlafstörungen verschrieb.

Kuh

schon bei den Mesopotamiern in aller Munde

Dieses Wort ist rekordverdächtig alt: Bereits vor gut 5000 Jahren nannten die Sumerer Stier oder Rind „gu“. Die Einschränkung der Bezeichnung auf das weibliche Rind ist hingegen eine germanische Erfindung. Die Kuh gehört neben Affe, Hund, Katze und Schwein sicherlich zu den Big Five der redensartlichen Fauna, wobei sie meist als wertvoller Besitz oder wegen ihrer vermeintlichen Dummheit Pate steht.

das geht auf keine Kuhhaut

etwas meist Negatives ist zu viel, als dass es duldbar wäre

Im Mittelalter glaubte man, die Teufel würden die Sünden eines Menschen auf Pergament, also auf Tierhaut schriftlich festhalten, um sie beim Jüngsten Gericht gegen ihn zu verwenden. Normalerweise wurde Pergament zwar aus Häuten von Schafen oder Kälbern hergestellt, aber für die besonders fleißigen Tunichtgute schien wohl eine größere Variante vonnöten. Und wenn selbst die nicht mehr reichte, dann hatte man so viel auf dem Kerbholz, das ging eben nicht einmal mehr auf die Kuhhaut.

die Kuh vom Eis bringen

eine Lösung für ein vertracktes Problem finden, Schwierigkeiten überwinden

Es ist natürlich ebenso unstrittig, dass eine Kuh auf dem Eis nichts verloren hat, wie fraglich, wie sie dort überhaupt hingeriet. Kühe sind nicht nur sprichwörtlich ziemlich störrisch und Richtungsänderungen oder Umwege gehören wohl nicht unbedingt zu ihrem Standardrepertoire. Davon können etwa die Hannoveraner Feuerwehrleute ein Liedchen singen, die 2010 eine 700 kg schwere Kuh aus dem Stadtfluss Leine retten durften, die einfach über eine vier Meter tiefe Uferkante hinwegmarschierte. Eine Kuh geht also zunächst einmal gerne einfach geradeaus. Auch wenn sie eine Eisfläche wohl kaum absichtlich betritt: Merkt sie zu spät, dass sie sich auf solch unsicherem Grund bewegt, so tut sie mitunter das Gegenteil und rührt sich nicht mehr vom Fleck, denn Kühe sind in viel geringerem Maße Fluchttiere als etwa Pferde. Eine halbe Tonne Kuh im Generalstreik aber wieder vom Eis zu bekommen, ist eine Leistung, die zu Recht als Vorbild aller Problemlöser gelten darf.

eine heilige Kuh schlachten

mit einem Tabu brechen

Ihr Name Kamadenu bedeutet in der Hindu-Mythologie so viel wie „Wunschkuh“. Sie ist die Mutter der Götter, der Planeten und der Menschen und kann jeglichen Wunsch erfüllen. Nach dem Gebot der Nichtverletzung von Lebewesen ist sie „Aghnya“, das Wesen, das nie getötet wird. Entwickelt wurde diese Vorstellung wahrscheinlich schon vor gut viertausend Jahren von Indiens Viehnomaden zum Schutz ihrer Herden und damit ihres Wohlstandes. Man sollte sich also ganz genau überlegen, ob man zum „Goghana", dem Mörder einer Kuh werden will, denn nach der vedischen Überlieferung steht darauf die Todes- und im Staat Delhi heute immerhin eine fünfjährige Haftstrafe. In Jammu und Kaschmir reicht schon der Besitz von Rinderfleisch für ein Jahr Knast. So ist das hier gemeinte Antasten althergebrachter und oft überholter Überzeugungen oder Denkverbote wohl stets eine haarige Angelegenheit.

jemandes Melkkuh sein

von jemandem über lange Zeit hinweg immer wieder ausgenutzt werden

Die Melkkuh ist ungefähr das Gleiche wie jemandes Goldesel, nur dass die Kuh dabei definitiv übers Ohr gehauen wird. Ursprünglich stammt der Begriff wohl aus der Landwirtschaft und bezeichnet die Milchkuh, die besonders viel Milch gibt, etwa weil sie gerade gekalbt hat. Im übertragenen Sinne geht es aber um denjenigen, der jemand anderem als ertragreiche und kontinuierliche Geldquelle hilflos ausgeliefert ist. So beschwert sich fast jede Lobby, ihre Klientel sei die Melkkuh unserer Nation, die sich ja gerne als ebensolche Europas sieht, von dem vor allem Europäer behaupten, es sei die Melkkuh der Welt, die wiederum als Melkkuh der Großkonzerne gilt – was insgesamt eine recht imposante Ansammlung von Rindviechern ergeben dürfte.

Wie kommt die Kuhscheiße aufs Dach?

Entgegnung auf eine dumme Frage, die die Antwort nicht wert ist

Nach Lutz Röhrich gibt es für die scheinbar unmögliche, aber eben auch unbedeutende Situation zwei Erklärungsansätze. So antwortet man im Niederdeutschen darauf „wenn im Himmel Viehmarkt ist", womit sich die Kuhscheiße immerhin an die Gesetze der Schwerkraft gehalten hätte. Außerdem verweist er auf ein Fastnachtsgedicht von 1625, das auch verdeutlicht, warum diese Entgegnung dem Fragenden klar machen soll, wie dämlich er eigentlich ist: Ein Student besucht seine Eltern auf ihrem Bauernhof und entdeckt Kuhmist an der Stubendecke, was ihn in ratlose Grübelei versetzt. Der Bauer wiederum erklärt umgehend, nicht weiter in das Studium seines Filius zu investieren, denn wer nicht darauf käme, dass das Brett an der Decke neu und der Kuhmist darauf gekommen sei, als das Brett noch im Hofe lag, der habe ein hoffnungslos „blödes hiren". Wer allerdings ein solches Brett an seiner Zimmerdecke anbringt, dürfte wohl auch nicht unbedingt als Intelligenzbestie gelten.

sich wie ein Lamm zur Schlachtbank führen lassen

etwas Übles ohne jede Gegenwehr über sich ergehen lassen

Diese Wendung rührt aus der Bibel her und eigentlich ist mit dem Lamm Jesus, das „Gotteslamm" gemeint, eine Vorstellung, die auf den Opferritualen des Alten Testaments gründet und die im Neuen Testament besonders in der Offenbarung und im Johannes-Evangelium auftaucht. Apropos Tauchen: Johannes der Täufer ist es dann auch, der Jesus am Jordan als „Lamm Gottes" vorstellt und damit auf den Propheten Jesaja anspielt, der so bereits den Opfertod Jesu ankündigte: „Er wurde misshandelt und niedergedrückt, aber er tat seinen Mund nicht auf. Wie ein Lamm, das man zum Schlachten führt, und wie ein Schaf angesichts seiner Scherer, so tat auch er seinen Mund nicht auf." Aus diesem Grunde kann man heute, wenn man unbedingt will, auch lammfromm sein.

Lausbub, Lausekerl, Lausejunge

ein ungezogener Junge, der gerne Streiche spielt

Den Lauser als jemanden, der tatsächlich Läuse hat, kannte man schon im 15. Jahrhundert. Erst im 18. Jahrhundert kam dann der Lausbub hinzu, wobei die Laus nur noch für das Schlechte, im verharmlosenden Sinne für das Neckische und Freche stand.

lausen

geht auch ohne Läuse

Das Verb bezieht sich auf die gegenseitige Fellpflege bei Affen und ist das Ergebnis einer Fehlannahme. Das Lausen hat vorrangig soziale Funktion und dient der Sympathiebekundung, der Beschwichtigung oder auch Bestechung. Gesucht und gefuttert werden vor allem abgestorbene Hautreste und Salzkristalle, ob dabei aber der ein oder andere Parasiten-Bonbon anfällt, spielt für das Verhalten keine Rolle.

verlaust; lausig

verwahrlost; schlecht

Der Name findet sich bereits im Germanischen, die „lus" tanzt uns nach neuesten Genuntersuchungen aber schon seit Beginn der Menschheit auf dem

Kopf rum. Die Kleiderlaus hingegen soll sich tatsächlich erst entwickelt haben, als wir anfingen, regelmäßig Kleidung zu tragen. Sie gilt als Überträger verschiedener Krankheiten und gedeiht im Unterschied zur Kopflaus besonders bei mangelnder Hygiene. So ist es nicht verwunderlich, dass man den Parasiten und ihren Überträgern stets wenig Sympathie entgegenbrachte. Wer verlaust war, war demnach ungepflegt, liederlich, also kein anständiger Mensch und letztlich schlecht. Daher kann das seit dem 15. Jahrhundert bekannte „lausig" heute etwas bezeichnen, was nichts mehr konkret mit dem Parasiten zu tun hat, außer dass wir es ebenfalls schlecht finden.

jemandem, sich eine Laus in den Pelz setzen

jemandem Schwierigkeiten bereiten, ihm eine Dummheit einreden; sich einer Sache annehmen, die einem später Ärger verursachen wird

Die Bedeutungen dieser Wendung sind ausgesprochen vielfältig und haben doch nichts mit dem ursprünglichen Sinn zu tun. Denn im 16. Jahrhundert war die Wahrscheinlichkeit, Kleiderläuse im Pelz zu haben, derart hoch, dass weitere hineinzusetzen eine recht überflüssige Tätigkeit darstellte. Man gebrauchte dies also ganz im Sinne von Eulen nach Athen tragen.

jemandem ist eine Laus über die Leber gelaufen

über eine Kleinigkeit erbost, ohne triftigen Grund verärgert sein

Läuft einem wegen einer Sache die Galle über, kann es mitunter helfen, frisch von der Leber weg zu reden, anstatt Gift und Galle zu spucken oder die beleidigte Leberwurst zu spielen. Solche Wendungen und auch die berühmte Laus auf der Leber haben ihren Ursprung in antiken und mittelalterlichen Vorstellungen, die der Leber den Sitz der Gefühle und Temperamente zuschrieben und sie als Urheber der Triebe und auch des Blutes betrachteten. Und vor dem 16. Jahrhundert hieß es noch schlicht, jemandem sei „etwas" über die Leber gekrochen, wenn sie von Missmut gepackt war. Seitdem aber, weil eine Laus eben etwas besonders Kleines und Unwichtiges ist und noch dazu einen netten Anlautreim mit Leber bildet, verdeutlicht man mit dieser Redensart spöttisch, dass sich jemand von einer Nichtigkeit die Laune verderben lässt. Falls jemand übrigens die Vorstellung von der gefühligen Leber für antiquiert dämlich hält, so sollte er besser noch einmal überlegen, bevor er von ganzem Herzen loslacht.

sich in die Höhle des Löwen wagen

wissentlich einem überlegenen Gegner entgegentreten

Für diese Wendung dient wieder eine Fabel des Griechen Äsop als Vorbild, nämlich „Der alte Löwe und der Fuchs". Der Fuchs entgegnet auf die Einladung des angeblich im Sterben liegenden alten Löwen in seine Höhle, dass er dieser zwar gerne nachkäme, es ihn aber ein wenig stutzig mache, dass so viele Spuren der Krankenbesuche anderer Tiere in die Höhle hinein, aber keine hinausführten, und lehnt dankend ab. Wer sich also trotz der Erkenntnis, dass ihn dort weniger ein Plausch am Sterbebett als ein Löwenhunger erwartet, in des Löwen Höhle wagt, der ist entweder fabulös mutig oder sehr dämlich, also auf jeden Fall kein Fuchs.

sich den Löwenanteil nehmen

den (unangemessen) größten Teil eines Gewinns oder einer Beute beanspruchen

Vielleicht beruht der Ursprung dieser Redensart auf der Annahme, dass der männliche Löwe zwar gerne die Löwinnen für sich jagen lässt, aber sobald die Beute erlegt ist, aufgrund seiner Körperkraft meist der Erste am Buffet ist. Dies ist nicht ganz richtig, denn eine Studie von 1997 belegt, dass zumindest die Löwenmännchen im Kruger-Nationalpark mehr selbst jagen als abjagen. Ansonsten ist die Wendung aber wieder ein echter Äsop: Löwe, Esel und Fuchs jagen gemeinsam, was man sich beim Esel bildlich gar nicht vorstellen mag. Als es ans Teilen geht, ordnet der Raubesel sich und seinen beiden Kumpanen jeweils exakt ein Drittel der Beute zu. Dies sieht der Löwe aber gänzlich anders und letztlich erhöht der erschlagene Esel den Anteil des Löwen beträchtlich. Während man seit dem 16. Jahrhundert unter dem Löwenanteil also eine unfaire Gewinnbeteiligung verstand, steht er heute meist nur noch für den größten Part.

Augen wie ein Luchs, aufpassen wie ein Luchs

besonders scharfsichtig / aufmerksam sein

Mitte des 14. Jahrhunderts berichtete Konrad von Megenberg gar, Luchse könnten durch Wände sehen, so sprichwörtlich ist der scharfe Blick unserer größten Wildkatze, übrigens auch bei den französischen Nachbarn: „avoir des yeux de lynx". Weil sich die italienische Akademie der Wissenschaften für ganz besonders scharfsichtig hält, heißt sie bereits seit 1603 „Accademia dei Lincei", also Akademie der Luchsartigen. So rührt wohl auch der Name des Luchses selbst von seinen Augen her, die tatsächlich phänomenal gut und sehr lichtempfindlich sind. Das indogermanische „leuk" für Leuchten bezieht sich auf die reflektierenden Augen des Nachtjägers. Auch ein Verb fürs genaue Hinsehen hat er auf dem Kerbholz, den man kann heutzutage nach etwas luchsen, während er fürs Abluchsen nie zuständig war.

M

blind wie ein Maulwurf sein

besonders schlecht sehen

Hier stimmt die heutige Verwendung ausnahmsweise einmal mehr als die ursprüngliche Bedeutung. Dass er blind sei, ist ein uraltes Missverständnis und taucht bereits bei Shakespeare auf, der übrigens ein ausgesprochenes Faible für den Maulwurf hatte. Tatsächlich setzt dieser auf andere Sinne: Er kann bemerkenswert tasten, riechen und die leichtesten Erschütterungen und leisesten Geräusche genügen ihm, um zu bemerken, dass sich eine lebensmüde Insektenlarve in seine Gänge verirrte. Er hat allerdings nur winzige, schlechte und stecknadelkopfgroße Augen, die unter seinem Fell kaum zu entdecken sind – alles andere wäre unter Tage auch Verschwendung. Er kann aber sehr wohl Helligkeitsunterschiede wahrnehmen und an der Oberfläche ganz passabel zurechtkommen, auch wenn seine Sehfähigkeit mit dem Alter stark abnimmt, was bei unsereins ja nicht anders ist. Die Engländer halten es kurioserweise weniger mit Shakespeare und nehmen der Fledermaus das Augenlicht (as blind as a bat) – was aber ebenso falsch ist.

arm wie eine Kirchenmaus

ganz besonders arm sein

Weil die wenigsten Kirchen wohl eine angeschlossene Kantine oder eine Speisekammer vorweisen können, lebt es sich als Kirchenmaus einfach am dürftigsten. Das weiß man sprichwörtlich bereits seit dem 18. Jahrhundert.

bei etwas Mäuschen spielen (oder sein)

etwas unbemerkt belauschen oder beobachten

„Oh, to be a fly on the wall!", sagt der Engländer und meint mit der Fliege an der Wand das Gleiche wie unsereins mit dem Mäuschenspiel, nämlich dass man gerne unentdeckt Zeuge einer interessanten Begebenheit sein möchte. Dass neben der unauffälligen englischen Fliege auch die scheue und stets heimliche deutsche Maus besonders dafür geeignet ist, beweist schon das schöne Wort mucksmäuschenstill.

da beißt die Maus kein' Faden ab

daran ist nichts mehr zu ändern, das muss jetzt erledigt werden

Welche Maus hier welchen Faden nicht durchbeißt, ist durchaus umstritten. Eine Herleitung bezieht sich auf eine alte Form der Mausefalle, in der ein Faden vor dem Köder, den die Maus, um daranzukommen, durchbeißen muss, für das Zuschlagen sorgt. Nagt die Maus also den Faden nicht durch, gibt's auch kein „aus die Maus", da ist also nichts zu machen. Andere Quellen vermuten hier das Versprechen eines Schneiders an seine Kunden, dass deren Stoffe bei ihm vor Mäusen sicher seien, während auch eine Äsop-Fabel wieder zum Kreis der Verdächtigen gehört: In „Der Löwe und das Mäuschen" revanchiert sich die Maus bei dem in einem Netz gefangenen Löwen dafür, dass dieser sie zuvor laufenließ, indem sie die „Fäden" des Netzes zernagt. Am interessantesten ist aber die schon seit Mitte des 17. Jahrhunderts bekannte Version mit der heiligen Gertrud von Nivelles, übrigens die Urgroßtante von Karl dem Großen. Am 17. März ist ihr Namenstag und Mitte März war genau die Zeit, in der man Winterarbeiten wie das Spinnen einstellen sollte, weil man sich dann der Feldbestellung widmen musste. Wem aber das Spinnen wichtiger war, bei dem machten der Legende nach die Mäuse kürzenden Prozess. Die heilige Gertrud wird traditionell mit Spindeln und Mäusen dargestellt.

etwas ist zum Mäusemelken

etwas ist ein vertracktes Problem, eine besonders ärgerliche Situation

Was als Redensart verdeutlichen soll, dass einen etwas zur Verzweiflung bringt, weil eine Lösung des Problems so unmöglich ist wie das Melken einer

Maus, wurde inzwischen von den Einfällen der modernen Wissenschaft überholt. Für medizinische Forschungszwecke werden heutzutage genetisch veränderte Mäuse mit einer Pipette gemolken. Allerdings benötigt man für einen Liter Milch ungefähr 4000 Melkdurchgänge, was das Ganze doch nach wie vor zu einer ziemlich unmöglichen Angelegenheit macht.

sich mausig machen

aufbegehren, vorwitzig sein

Greifvögel sind angeblich nach der Mauser, also dem Federwechsel, besonders übermütig und jagdfreudig. So wäre dies ein alter Falkner-Ausdruck dafür, dass der runderneuerte Greif besonders angriffslustig ist. In der Falknerei ist dieses Phänomen allerdings kaum bekannt, sodass dem Ganzen auch eher das Wunschdenken der Besitzer bislang eher erfolgloser Raubvögel zugrunde liegen könnte. Frei nach dem Motto: neues Federkleid, neue Mordlust.

weiße Mäuse sehen

stark betrunken sein, alkoholbedingte Wahnvorstellungen haben

Es ist zwar nicht so, dass man, wenn man mal einen über den Durst trinken möchte, sich dazu schon am besten auf einem Stuhl stellen sollte, aber die Story stimmt: Alkoholiker sehen mitunter weiße Mäuse, allerdings nur Schwerstalkoholiker und meistens im Entzugsdelirium. Denn dann kann es zu einer Überproduktion von Botenstoffen im Hirn kommen, die nebst allerlei anderen Symptomen auch optische Halluzinationen produzieren – meist kleine, eher alltägliche Dinge wie Haarbüschel oder Staubflusen, aber in ungefähr einem Drittel der Fälle auch Tiere. Weit oben auf der halluzinatorischen Hitliste stehen dabei Insekten, Spinnen und Schlangen. Das Schlusslicht bilden tatsächlich die rosa Elefanten, vermutlich weil diese sich nicht ganz an die Regel „klein und alltäglich" halten. In der Mitte rangieren mit ungefähr 5 % unsere weißen Mäuse. Ganz so lustig ist diese Geschichte allerdings nicht, denn das Delirium tremens endet für einen erheblichen Teil der Alkoholkranken tödlich.

Mops

Stimmungskanone

Sein Name soll im 18. Jahrhundert über die Niederlande als „Mopshond" zu uns gekommen sein: „moppen" bedeutet auf Niederländisch „ein verdrießliches Gesicht machen" und ist mit dem englischen „to mump" gleicher Bedeutung eng verwandt, dem wir die Krankheitsbezeichnung Mumps verdanken. Doch der Mops ist noch weitaus vielseitiger einsetzbar: Wer sich mopst, der langweilt oder ärgert sich, und wer mopsig ist, kann langweilig oder dicklich sein. Da der Knirps, der vor über 2500 Jahren in China tatsächlich aus kapitalen Molossern gezüchtet worden sein soll, aber eigentlich ein ziemlich lustiger Geselle ist, kann man ebenso auch mopsfidel sein. Der Mops ist also etwas für alle Lebenslagen, oder wie der große Mopsfan Loriot es formulierte: „Ein Leben ohne Mops ist möglich, aber sinnlos."

Du kriegst die Motten!

Ausruf des Erstaunens

Der Begriff Motte, der in dieser Form seit dem 15. Jahrhundert bekannt ist, ist eine Ableitung des germanischen Wortes für Made. Der berlinerische Ausdruck der Überraschung wiederum, der im 19. Jahrhundert in den Mietskasernen der Arbeiterviertel entstanden sein soll, hat unter Umständen einen sehr unlustigen Hintergrund. „Die Motten haben" ist nämlich in der Gaunersprache Rotwelsch eine Umschreibung für die Lungentuberkulose, welche die Lunge gleich einer von Motten befallenen Kleidung durchlöchert.

wie die Motten ums / zum Licht

willenlos zu etwas hingezogen sein, etwas fasziniert umschwärmen

Warum die Nachtfalter sich derart zum Licht hingezogen fühlen, ist wissenschaftlich noch nicht vollends geklärt. Wahrscheinlich ist aber, dass sie nur das tun, was eigentlich eine über Jahrmillionen bewährte Form der Navigation war: Sie orientieren sich am Mondlicht bzw. an der hellsten Lichtquelle und legen ihre Flugbahn danach fest. Dummerweise hat die Evolution kürzlich eine Spezies hervorgebracht, die die Nacht mit vielen kleinen selbst gemachten Monden erhellt. Während die Mottenposition zum weit entfernten Trabanten bei einem Geradeausflug aber stabil bleibt, verändert sie sich zur Laterne von nebenan rasend schnell. Die verwirrte Motte versucht ständig erfolglos, ihre Flugbahn wieder neu auszurichten, was zu dem bekannten spiralförmigen Flug und oft zum Tod durch Verglühen oder Erschöpfung führt. Motten sind also keine suizidalen Lichtfetischisten, sondern leiden an ihrer ganz eigenen, vormals praktischen Form der Mondsucht.

aus einer Mücke einen Elefanten machen

eine unbedeutende Kleinigkeit zu einer großen Sache aufbauschen

„Als wolt ich in geringen sachen die muck zum elephanten machen", so schreibt in seinem „lob der mucken" bereits im 16. Jahrhundert Johann Baptist Fischart, einer der großen Dichter des Grobianismus – ja, den gab es wirklich und er leitet sich auch tatsächlich vom Grobian ab. Die Wendung ist aber schon weitaus betagter, findet sich schon bei den alten Griechen und existiert in zahlreichen Varianten. So konnte man bei den Lateinern aus einem Bach einen Strom und aus einer Kloake eine Burg machen und es gab auch den Umkehrschluss, dass so mancher Berg nur eine Maus gebären werde. Im Deutschen geht es auch noch etwas derber: aus einem Furz einen Donnerschlag machen. Den eher flachländischen Briten wiederum gelingt es dann und wann, aus einem Maulwurfshügel einen Berg anzuhäufen (to make a mountain out of a molehill).

schlafen wie ein Murmeltier

besonders fest und lange, ausgesprochen geruhsam schlafen

Murmelt es oder murmelt es nicht? Eigentlich verständigen Murmeltiere sich durch Pfeifen und so hält sich hartnäckig die Ansicht, das Wort, das seit dem 9. Jahrhundert bekannt ist, habe gar nichts damit, sondern mit der seit dem 5. Jahrhundert belegten lateinischen Benennung als Bergmaus, „murem montis", zu tun. Dagegen spricht allerdings, dass „marmotte" schon in Teilen Frankreichs, der Schweiz und Italiens vorhanden war und auch heute noch das französische Verb „marmotter" Murmeln bedeutet. So ist die lateinische Version womöglich eine schon auf dem Murmeltier basierende Interpretation. Unstrittig ist aber, dass das Murmeltier der Champion unter den Langschläfern ist, es kann bis zu 9 Monate des Jahres ratzen.

Hornochse

doppelt dämlich

Zwar gibt es mitunter auch hornlose Rinderrassen wie das Angus-Rind, aber im Allgemeinen gehören Hörner zur Serienausstattung eines anständigen Rindviechs und wären eigentlich nicht sonderlich erwähnenswert. Bei der menschlichen Variante liegt dies etwas anders: Wer von seiner Ehefrau betrogen wurde, dem hat diese sprichwörtlich die Hörner aufgesetzt, man nennt ihn Hahnrei oder gehörnt. Ein Mensch mit Hörnern steht also schon einmal grundsätzlich ziemlich dämlich da. Da man den im Unterschied zum Stier, als Arbeitstier zu gebrauchenden Ochsen wegen seiner Gutmütigkeit ebenfalls für dämlich hielt, diente er zur Bezeichnung eines dummen Menschen. Der Hornochse: sozusagen ein dämlich dämlicher Mensch.

dastehen wie der Ochs vorm Berg / vorm Scheunentor

ratlos und staunend vor einem Problem oder einer Neuigkeit stehen

Die Vorstellung findet sich schon bei Luther: War der Ochse (in manchen Regionen auch die Kuh) den ganzen Tag auf der Weide, während der Bauer in der Zwischenzeit den Hof mit einem neuen Stalltor verschönert hat, so wird der Ochse abends wohl ziemlich dumm dreinschauen, weil er plötzlich durch etwas hinein muss, durch das er definitiv nicht hinausgekommen ist. Dass Rinder aber auch sonst mal baff aus der Wäsche gucken, weiß man in Frankreich, wo stattdessen die Kuh ungläubig den vorbeifahrenden Zug anstiert: „regarder quelque chose comme une vache regarde passer un train". Beim Berg hingegen mag man sich eher die verdutzte Empörung angesichts der Tatsache vorstellen, über diesen hinüber zu sollen, wobei der Schweizer „Esel am Berg" davon offensichtlich ebenso wenig begeistert ist. Die allerdings haben ja auch ziemlich hohe davon.

wie ein Pfingstochse

übertrieben und geschmacklos herausgeputzt sein

Der Pfingstochse gehört zu verschiedenen Varianten volkstümlicher Pfingstfeierlichkeiten. Damit wird entweder begangen, dass zu dieser Zeit das Vieh nach dem langen Winter wieder auf die Weiden getrieben, oder, für den Ochsen weniger angenehm, dass es an Pfingsten einen prächtigen Rinderbraten geben wird. In beiden Fällen wird der stattlichste Ochse bunt mit Blumen, Zweigen und Stroh ausstaffiert, mit Kränzen und Kuhglocken behängt und in feierlichem Zug durchs Dorf begleitet. Im Mecklenburgischen steckte man den armen Tieren gar Zitronen auf die Hörner. Klar, dass dies mitunter ziemlich albern aussieht und leicht auf den menschlichen Gecken übertragbar ist. Der einzige Trost für die geplagten Rindviecher: Ist die Prozession überstanden, gibt es traditionell die Blumenkränze zu fressen.

P

stolz wie ein Pfau, sich spreizen wie ein Pfau

ausgesprochen hochmütig und eitel sein

Während der Name vom lateinischen „pavo" kommt, hatte das Tier selbst einen wesentlich weiteren Weg: Er stammt aus Indien, doch bereits die alten Griechen kannten den Pfau als Ziervogel. Sieht man einen balzenden Pfauenhahn, der mit aufgestellten Schwanzfedern sein Rad schlägt und mit hängenden Flügeln und dramatisch zitterndem Fächer vor den Hennen auf und ab stolziert, so wird unmissverständlich, warum er bereits in der Antike als Verkörperung des Hochmuts gilt. In Äsops Fabel vom Pfau und der Dohle steht er als selbstverliebter Blender da und für Ovid ist er ebenfalls ein Ausbund an Stolz. Zwar gab es in der Spätantike eine zwischenzeitliche Verbesserung seines arg ramponierten Images, da Kirchenvater Augustinus herausgefunden haben wollte, Pfauenfleisch könne nicht verderben, der Vogel sei zu edel und zu rein. Doch spätestens mit dem vernichtenden Urteil des mittelhochdeutschen Dichters Freidank war das Ansehen des stolzen Vogels völlig dahin: „Der Pfau schleicht wie ein Dieb durchs Land, hat Teufels Stimm´ und Engels G´wand."

Pferdefuß

die verborgene, nachteilige Eigenschaft; der Haken an einer Sache

Die Sache mit dem Pferdefuß hat selber einen, denn er stammt von einer Ziege: Den ganzen Tag im Wald rumhängen, Wein trinken, tanzen, ab und zu ein bisschen Flöte spielen und allem nachsteigen, was nicht bei Drei auf den Bäumen ist – klar, dass dies schon den frühen Christen nicht unbedingt wie die Vita eines Heiligen vorkam. So war der griechische Hirtengott Pan, samt kleiner Kollegen wie Satyr und Faun, spätestens ab dem Mittelalter ein hervorragender Kandidat, um die volkstümlichen Vorstellungen vom Satan auszustaffieren. Als Ziegenhirtengott hatte Pan imposante Körperbehaarung, Hörner und zwei Bocksfüße. Erst relativ spät wurden beim Teufel daraus Pferdefüße. Die haben wahrscheinlich mit der neutestamentarischen Offenbarung und der Beschreibung der apokalyptischen Reiter zu tun: „ ... und siehe, ein fahles Pferd. Und der darauf saß, dessen Name war: Der Tod, und die Hölle folgte ihm nach." Es gibt eine große Zahl volkstümlicher Geschichten, in denen meist eine arglose Maid von einem charmanten Fremden umgarnt wird und zum Glück noch rechtzeitig merkt, dass der Freiers- ein Pferdefuß ist oder wie es im 17. Jahrhundert hieß, dass der „schwarze Fuß" hervorsieht.

Pferdekuss

schmerzhafte Prellung, meist am Oberschenkel

Hier sind ganz nachvollziehbar die Hufe austretender Pferde für den Namen der kreisförmigen Hämatome unter der Hautoberfläche verantwortlich, die heute allerdings meist eher Hinterlassenschaft eines Fußball- oder Handballspiels sind. Nicht nachvollziehbar ist hingegen, warum die gleiche Verletzung bei unseren österreichischen Nachbarn „Eisenbahner" genannt wird.

Pferdestärke

Maß für die Leistung einer Maschine

Als James Watt im 18. Jahrhundert seine Dampfmaschine unters Volk bringen wollte, musste er potentiellen Käufern natürlich handfest klarmachen, dass seine Erfindung der vierbeinigen Konkurrenz an Leistung deutlich überlegen ist. Also errechnete er, welches Gewicht ein Pferd in einer Mühle pro Minute so durchschnittlich ziehen kann. Im Großen und Ganzen lag er mit der Idee von den PS ziemlich richtig, obwohl ein Pferd durchaus auch mal 15 PS leisten kann, aber eben nicht durchschnittlich.

da bringen mich keine zehn Pferde hin / weg

dort gehe ich unter keinen Umständen hin bzw. fort

Das „Deutsche Sprichwörter-Lexikon" von Wander kennt im 19. Jahrhundert noch einige andere Wendungen, in denen sich genau zehn Pferde abmühen.

So ist sich etwas abzugewöhnen eine „Arbeit für zehn Pferde“ und so mancher kann lügen, „toller als zehn Pferde laufen“. Die Zehn steht hier also einfach für ziemlich viele, ähnlich wie symbolisch auch oft die Hundert und die Tausend. Die Briten geben sich übrigens noch störrischer und lassen sich nicht einmal von Wildpferden irgendwohin bugsieren (wild horses wouldn't drag me there), allerdings sind dies auch bestimmt weniger als zehn.

das Pferd beim Schwanze, von hinten aufzäumen

an eine Sache, ein Problem völlig verkehrt herangehen; sich mit dem Ergebnis statt der Ursache beschäftigen

Im Mittelalter wurde man mitunter noch etwas deutlicher: Damals hieß es auch „den Zügel gegen den Schwanz richten“, während Luther und der Simplicissimus schon die heute gebräuchliche Form kannten. Die Briten wiederum kommen derweil ohne Zaumzeug aus und wahlweise auch ohne Pferd, denn dort kann man die Karre vor den Esel spannen (to put the cart before the donkey). Im Iran aber macht man mit dieser sinnlosen Aktion auch noch gleichzeitig ein schlechtes Geschäft, denn wenn man die Droschke vors Pferd spannt, wird die Anzahl der Fahrgäste sich in Grenzen hallten.

Immer sachte mit den jungen Pferden!

bloß nichts überstürzen, voreilige Handlungen könnten zum Misserfolg führen

Junge Pferde gelten als besonders übermütig und haben einen hohen Bewegungsdrang, mit ihnen sollte man also vorsichtiger, eben sachter umgehen als mit erfahrenen Reitpferden. In England allerdings sollte man die gleiche Behutsamkeit an den Tag legen, wenn es darum geht, einen Affen zu fangen.

jemandem etwas vom Pferd erzählen

jemandem eine (meist raffinierte) Lüge auftischen

Als die alten Griechen bei der Belagerung Trojas einen kleinen Durchhänger hatten, kam man auf die Idee mit dem hinterhältigen Holzgaul. Damit die Trojaner aber das Pferd in die Stadt holten, taten die Griechen so, als ob sie die Heimreise anträten, und ließen nur die überdimensionale Pferdefigur und einen Freiwilligen zurück. Dies war Sinon, ein Vetter von Odysseus, der den

Trojanern weismachte, die Griechen hätten das Pferd als Weihgabe für den Meeresgott Poseidon am Strand gelassen und das Danaergeschenk (Homer nannte die Griechen auch Danaer) sei doch perfekt zur dekorativen Ausgestaltung der trojanischen Innenarchitektur geeignet. Er hat ihnen also ordentlich was vom Pferd erzählt. Trotz der Warnungen der Seherin Kassandra (daher die Kassandrarufe) holten die Trojaner es also samt Griechenfüllung in die Stadt – und das war dann auch das Ende derselben. Wenn Sie jetzt aber denken, alles klar, die Geschichte stammt aus Homers Ilias, dann wurde auch Ihnen was vom Pferd erzählt. Das Trojanische Pferd kommt dort gar nicht vor, sondern nur in der Odyssee, und zwar sozusagen als Tratsch zwischen Helenas Ex Menelaos und Odysseus Sohn. Und dass Odysseus sich die wirklich üble List ausdachte, ist ebenfalls eine Erfindung späterer Zeiten.

Man hat schon Pferde (vor der Apotheke) kotzen sehen.

man hält den gewünschten Ausgang eines Vorhabens für äußerst unwahrscheinlich, aber will nichts ausschließen

Diese Wendung ist verhältnismäßig jung, stammt vom Beginn des 20. Jahrhunderts und bezieht sich auf eine sehr richtige Beobachtung: Dass Pferde sich übergeben, ist nahezu unmöglich. Sie haben einen sehr kräftigen Schließmuskel, der eigentlich verhindert, dass einmal Verschlucktes den Rückwärtsgang einlegt. Allerdings: In absoluten Ausnahmefällen, etwa bei Darmverschluss, kommt die Wahrheit bzw. der Mageninhalt dann doch ans Licht, wenn auch unappetitlicherweise durch die Nüstern. Die Apotheke wiederum soll das Ganze nur verstärken: Man hat Pferde sogar schon dort kotzen gesehen, wo sie sich doch ein Gegenmittel hätten besorgen können.

mit jemandem Pferde stehlen können

sich völlig auf jemanden verlassen können, der für Späße zu haben ist

In den Akten des Berliner Stadtgerichts finden sich in den ersten 50 Jahren des 15. Jahrhunderts gut 120 Hinrichtungen, 90 davon für Diebstahl und das Entwenden eines Pferdes stand ganz oben auf der Hitliste. In früheren Zeiten war Pferdediebstahl also oft eine „todsichere" Angelegenheit. So musste derjenige, mit dem man Pferde stehlen wollte, äußerst wagemutig sein und man musste sich hundertprozentig auf ihn verlassen können.

wie ein Phönix aus der Asche

nach scheinbarer Vernichtung wieder wie neu und unversehrt sein

„Es gibt aber noch einen andern heiligen Vogel, der heißt Phoinix. Ich allerdings hab ihn nicht gesehen, außer im Bild", schreibt Herodot schon im fünften vorchristlichen Jahrhundert, und das geht wohl den meisten so. Dass man ihn nicht sieht, mag daran liegen, dass er sich nur alle 500 bis 1000 Jahre blicken lässt, oder daran, dass er ein Fabeltier ist. Dabei muss der Vogel eine Show sein: Wenn er zu alt oder zu traurig wird, baut er sich ein Nest (je nach Laune mal im Libanon, mal in Syrien), verbreitet noch mal legendäre Wohlgerüche und geht dann in Flammen auf. Aus der Asche, die von ihm übrigbleibt, kriecht aber ein Wurm, der zu einem Ei heranwächst, aus dem bereits nach drei Tagen ein runderneuerter schräger Vogel schlüpft. Dies scheint ihm auch nie langweilig zu werden, denn nach Plinius hat er eine Lebensspanne von genau 12 994 Jahren.

Pudel

Pfützenfan im Abwasser

Seit dem 17. Jahrhundert hieß er Pudelhund, aber das „Hund" konnte sich nur gut ein Jahrhundert bei ihm halten. Das alte Verb „pudeln" bedeutete „im Wasser planschen" und stammt vom niederdeutschen Wort für „Pfütze", was natürlich auf die Vorliebe des Pudels fürs Nasse anspielt, da er ursprünglich zur Wasserjagd eingesetzt wurde. Deswegen fühlt er sich natürlich auch pudelnass besonders pudelwohl, auch wenn er mit nassem Fell mitunter nicht mehr ganz so edel wirkt, sondern ein wenig klapprig, eben wie ein begossener Pudel. Ebenso wirkt er dann auch geschoren ziemlich pudelnackt (während man in England aber traditionell nackt wie ein Eichelhäher oder ein Rotkehlchen ist). Sein feines, wolliges, dichtes und gekräuseltes Fell machte ihn seit dem 18. Jahrhundert übrigens nicht nur zum Namenspatron der ebenfalls wolligen Pudelmütze, sondern auch zum Opfer einer wirklich liebenswerten Idee der Pariser Kanalreinigung. Um besonders enge und stark verschmutzte Röhren zu reinigen, trieb man noch bis in die 50er Jahre arme Pudel hindurch, damit der Dreck an ihren Locken hängenblieb.

° des Pudels Kern

der wahre, eigentliche Sachverhalt von etwas

Ein frustriertes Superhirn lässt sich mit der Unterwelt ein, verliebt sich unglücklich, dreht durch und hinterlässt eine Spur der Verwüstung, immerhin drei Tote und eine Wahnsinnige. Klingt nach Tarantino, ist aber Faust – und Goethe hat gute 60 Jahre für diesen Plot gebraucht. Für die Unterwelt ist hier der Pudel zuständig, der sich nach einigen Beschwörungen als Mephistopheles zu erkennen gibt, woraufhin der berühmte Satz „Das also war des Pudels Kern!" fällt. Dass ausgerechnet ein Pudel teuflisch sein soll, ist allerdings nicht erst unserem Dichterfürsten eingefallen. In den Volkssagen ist der Pudel oft Geistertier und Spukerscheinung. Manchmal wird er gar mit Hörnern ausstaffiert und oft hütet er als dämonischer Pudel verborgene Schätze.

° einen Pudel werfen

einen Fehler begehen, Fehlwurf beim Kegeln

Zwar hieß schon bei den Würfel- und Knochenspielen der alten Römer die Eins als niedrigster Wurf „canis", also Hund, aber diese lange Zeit einzige Herleitung erklärt noch nicht, warum man dann nicht etwa auch einen Dackel schmeißen könnte. So scheint aus dem im Dialekt seit dem 18. Jahrhundert bekannten „prudelig" für unordentlich bzw. aus dem zugehörigen „Prudel" für Fehler erst nachträglich aufgrund des antiken Hundebezugs ein Pudel geworden zu sein.

R

° Rabe

macht „Krah"

Der schwarze Vogel wurde, auch wenn dies heute nicht mehr klar erkennbar ist, nach seinem Schrei benannt: Das indogermanische „kra-p-no-" bedeutet „der Krah (macht)" und lautet dann auf Althochdeutsch „(h)raban", was ja schon ziemlich nach unserem Raben klingt. Die Krähe leitet sich übrigens ganz ähnlich von der Tätigkeit ab, die als Krächzen und Krähen im Altenglischen „crawan" heißt, wovon wiederum das moderne „crow" nicht allzu weit entfernt ist.

die Ratten verlassen das sinkende Schiff

die Opportunisten und Schmarotzer fliehen, sobald es brenzlig wird

Die Beobachtung ist fast richtig, die Erklärung Seemannsgarn: Ratten können drohende Katastrophen nicht vorausahnen, sie bekommen nur schneller kalte bzw. nasse Füße. Die Nager hausen mangels Erdhöhlen an Bord ganz unten in der nahezu unzugänglichen Bilge. Hier spüren sie eindringendes Wasser natürlich eher als die Mannschaft und spätestens, wenn ihre Nester überspült werden, treten sie die kollektive Flucht nach oben an. Kommen auf einem Schiff also die Ratten an Deck, ist es tatsächlich ratsam, sich schon einmal nach den Rettungsboten umzusehen. Dass die Nager dann aber geschlossen ins Meer springen und so anzeigen, dass das Schiff nicht mehr zu retten ist, gehört wohl ins Reich der Legende. Ebenso wie die Annahme der alten Lateiner, die kleinere Verwandtschaft könne als Frühwarnsystem bei Billigbauweise dienen: „Bei drohendem Einsturz wandern die Mäuschen aus."

ein Rattenfänger sein

ein Verführer von Menschen sein

Vor einiger Zeit schlugen sogenannte Volksvertreter vor, Berliner, die auf staatliche Unterstützung angewiesen sind, als Rattenfänger einzusetzen, um dem Nagerproblem der Hauptstadt Herr zu werden. Die Presse wiederum wertete dies als politische Rattenfängerei, die ihr partout nicht als sinnvolle Beschäftigung für ebenfalls vom Staat Bezahlte einleuchten wollte. Dass aber nicht nur in Berlin die Fänger kaum beliebter als die Ratten sind, hat wohl der sagenhafte Rattenfänger von Hameln verbrochen. Der soll im Jahre 1284 ganze 130 Kinder durch sein Flötenspiel auf Nimmerwiedersehen aus der Stadt gelockt haben. Dass derselbe „Piper" kurz zuvor auch die Ratten Hamelns entsorgte, von der Stadt dafür aber um seinen Lohn geprellt wurde, ist erst später hinzugedichtet worden. Die „Kinderauszugssage" soll ihren Ursprung in Kinderkreuzzügen, der immer noch mysteriösen Volkskrankheit „Tanzwuth" oder aber der Abwerbung von „Kindern der Stadt", also Bürgern zur Kolonisierung des Ostens haben. Der Ratten-Teil wiederum soll sich entweder auf tatsächliche Plagen in der Mühlenstadt gründen oder gar letztlich dieselbe Geschichte erzählen, nur dass mit Ratten die armen, unbeliebten Hamelner gemeint waren – womit wir ja wieder bei der Sorte Rattenfänger wären, die es auf Menschen abgesehen hat.

reihern

sich heftig übergeben

Diese Umschreibung, die früher auch ebenso Durchfall meinen konnte, stammt aus dem 19. Jahrhundert und wohl tatsächlich vom Reiher. So soll der Schrei des Reihers ganz ähnlich wie der Würgelaut beim Erbrechen klingen, was aber nur als Beleidigung des armen Tiers verstanden werden kann. Wahrscheinlicher ist, dass das Verb sich auf das Hervorwürgen vorverdauter Nahrung durch die Altvögel zur Fütterung des Nachwuchses bezieht.

Ross

verschnupftes Pferd

Das Wort Ross stammt mindestens aus dem 8. Jahrhundert, ist vermutlich älter als das „Pferd" und heute vor allem noch in den Mundarten präsenter. Seine Herkunft ist strittig, es gibt aber gute Gründe anzunehmen, dass es unter Anlehnung an das althochdeutsche „ruzan" entstand, das Schnarchen bedeutet. Denn daher bezeichnet der Rotz „das Ausgeschnarchte", woraus sich als „das Ausgeschnaubte" wiederum der Bezug zum Schnaubenden, also dem Ross ergibt. Etwas verwickelt, aber letztlich steht das edle Ross damit ziemlich rotzig da.

Ross und Reiter nennen

Klartext reden, die wahren Verantwortlichen benennen

Das kennen wir aus jedem anständigen Ritterfilm: Der unter Helm und Harnisch unerkannte Held gewinnt, meist als schwarzer Ritter, also ohne ihn kenntlich machende Wappen oder Wappenfarben, das Turnier und meist auch die Hand oder Gunst einer ihn anschmachtenden Prinzessin. Weil aber auf den historischen Turnieren mitunter ganz schön was los war – die Limburger Chronik spricht bei einem Turnier des Jahres 1360 etwa von gut 1000 Teilnehmern – und sich sowieso nicht jeder mit Wappenkunde auskannte, hat man vor Beginn des Turniers oder des Kampfes also die Streithähne öffentlich ausgerufen. Inkognito konnte man sich ohnehin nicht den Schädel einhauen, denn jeder Ritter musste sich zuvor einer „Wappenprobe" durch den spielleitenden Herold unterziehen, um seine Blaublütigkeit zu beweisen. Der schwarze Ritter dürfte also ausgemachter Hollywood-Unsinn sein.

Rosskur

sehr drastisches, oft schmerzhaftes Mittel zur Beseitigung eines Missstandes oder Heilung einer Krankheit

Die meisten Rosskuren früherer Zeiten wären wohl vermieden worden, hätte Papst Alexander III. nicht 1163 das Konzil von Tours einberufen. Dort war man der Meinung, dass es sich für Geistliche, also damals eigentlich jeden ausgebildeten Mediziner, nicht zieme, mit dem Blut anderer in Kontakt zu kommen. Die Chirurgie verschwand folglich als „mindere Medizin" aus den Universitäten und Medizinschulen und wurde handfesteren Berufen wie den Hufschmieden überlassen, deren Erfahrung in der Behandlung von Pferdekrankheiten bestand. Und so brauchte, wer zum Hufschmied musste, um sich etwa einen Zahn ziehen zu lassen, eine Pferdenatur, denn der ging mit glühendem Eisen, Zange und Hammer zur Sache. Darüber hatten die Pferde sich ja schließlich auch nie beschwert.

sich aufs hohe Ross setzen

hochmütig sein, von oben herab handeln

Früher war fast ausschließlich der Adel hoch zu Ross, denn Pferde waren teuer und Reiten oft ein Privileg hoher Geburt. Seit dem 16. Jahrhundert versteht man dies aber auch übertragen. Wer auf andere herabschaute und sie wie „Fußvolk" behandelte, der hatte sich eben die Arroganz der Oberen zueigen gemacht, auch wenn er dazu ein fremdes Pferd besteigen musste, wie noch im englischen „to climb upon one's high horse" deutlich wird.

S

Sau

Mutter aller Schweinereien

Weil das Wort als „suk" unter anderem im Germanischen als Lockruf für Schweine bekannt war, geht man davon aus, dass seine schon im Indogermanischen bezeugte Herkunft in der lautlichen Nachahmung des Schweinegrunzens liegt. Tatsächlich sollen viele andere Bezeichnungen der Borstentiere davon abgeleitet sein, wie das altindische „sukara" für Schwein oder Eber oder das lateinische „suinus" für Schwein verdeutlichen. Als Pate für Sprichwörtliches kann die Sau sicherlich dem Affen das Wasser reichen, da sie nicht nur für jede Menge derbe redensartliche Vergleiche gut ist, sondern auch als rein verstärkender, wahlweise positiver oder negativer Zusatz gebraucht wird. So kann es jemandem sauschlecht gehen, ohne dass das Tier dabei eine Rolle spielt, während Goethe bei sauwohl noch sprichwörtlich und herrlich die Sau rauslässt, nämlich beim Zechen in Auerbachs Keller: „Uns ist ganz kannibalisch wohl als wie fünfhundert Säuen!"

Sauklaue

eine ausgesprochen unleserliche Handschrift

Das Wort Klaue, althochdeutsch „klawa" meinte zunächst nur Kralle, Pfote, Tatze, konnte aber ähnlich wie später Flosse schon seit der Luther-Zeit als saloppe Umschreibung für Hand und auch schlechte Handschrift benutzt werden. Das „Sau" davor hat wiederum nur eine verstärkende Bedeutung. Aufschlussreich ist, dass ein bekanntes Synonymwörterbuch als Alternative die „Doktorschrift" nennt, die im selben Band wiederum als Synonym zur Dissertation firmiert: Promovieren leichtgemacht.

jemanden zur Sau machen

jemanden in Grund und Boden schimpfen, erniedrigen

„... da rührte Kirke sie mit der Rute, und sperrte sie dann in die Köfen. Denn sie hatten von Schweinen die Köpfe, Stimmen und Leiber, auch die Borsten; allein ihr Verstand blieb völlig, wie vormals." Die Ersten, die sprichwörtlich zur Sau gemacht wurden, wären somit die Gefährten von Odysseus gewesen, die sich von der Zauberin Kirke erst bezirzen (daher das Wort) und dann in Schweine verwandeln ließen. Es gibt zwar noch eine andere Erklärung für die Wendung, nämlich dass sie sich schlicht auf „jemanden wie eine Sau schlachten" bezieht, aber gegen einen Homer wäre das doch allzu prosaisch.

Perlen vor die Säue werfen

jemandem etwas Wertvolles schenken, das er nicht zu würdigen weiß

In Thailand kann man auch einfach einem Affen einen Kristall geben, hierzulande greift man für solchen Unsinn auf die Bibel zurück: „... werft eure Perlen nicht den Schweinen vor, denn sie könnten sie mit ihren Füßen zertreten und sich umwenden und euch zerreißen." Natürlich wissen Schweine Preziosen kaum zu schätzen, warum sie sich deswegen aber in reißende Bestien verwandeln sollen, erklärt auch Matthäus nicht. Nun bedeutet das griechische „margarita" nicht nur Perle, sondern auch Brotkrumen und in der Ostkirche wurde das Messbrot traditionell in solche zerkrümelt. Dann wäre es also verwerflich, heiliges Brot an Schweine zu verfüttern – eigentlich immer noch kein Grund, die Wildsau zu spielen. Besondere Folgen hatte die Margarita-Angelegenheit für die niederländisch-flämische Kunst des 16. Jahrhunderts: Hier hatte man die ohnehin schon falsche Perle mit der französischen „marguerite" verwechselt, sodass aus dieser Zeit auffällig viele Darstellungen mit Schweinen und Gänseblümchen stammen.

vor die Säue gehen

völlig herunterkommen, verwahrlosen; kaputtgehen (bei Dingen)

Die Bedeutung ist ungefähr die gleiche wie beim vor die Hunde gehen, die Herkunft aber bereits biblisch: Im Lukas-Evangelium erzählt Jesus das Gleichnis vom „verlorenen Sohn", in dem ein genusssüchtiger Filius sich vom Vater das Erbteil auszahlen lässt und alles verprasst, bis er völlig mittellos seinen Lebensunterhalt mit Schweinehüten bestreiten muss. Das wäre zwar für die meisten nicht unbedingt das Karriereziel, dabei ist aber zu bedenken, dass nach jüdischer Tradition Schweine als rituell unrein gelten, womit dies so ziemlich der dreckigste Job wäre, den man sich zu Lukas Zeiten vorstellen konnte.

wie eine gesengte Sau

mit hohem Tempo (weg)rennen oder fahren

Eine gesengte Sau sollte tunlichst nicht mehr in der Lage sein zu rennen, denn dann hätte der Schlachter seine Arbeit alles andere als gut gemacht. Das Sengen gehört zum Schlachtvorgang und meint das Abbrühen der Schweinehaut, um die Borsten besser entfernen zu können. Dass ein noch lebendes Tier mit Höchstgeschwindigkeit vor dem Brühen fliehen würde, ist aber eine Vorstellung, der man besser nicht zur Currywurst nachgeht. Vom Bezug zum Brühkessel stammt übrigens auch der Ausdruck schwitzen wie ein Schwein.

Schafskälte

plötzlicher Kälteeinbruch im Juni

Die Schafskälte tritt, meist in der ersten Junihälfte, sehr häufig und regelmäßig auf. Dann schleppen Tiefdruckgebiete aus Nord- oder Osteuropa arktische Luftmassen nach Mitteleuropa und bevorzugt nach Deutschland. Gerade nachts kühlt es sich dann heftig ab, sogar leichte Minusgrade und Bodenfrost sind dann möglich. Weil zu dieser Zeit die Schafe aber schon frisch geschoren sind, wird es für die Vierbeiner besonders ungemütlich.

das schwarze Schaf (der Familie) sein

das am wenigsten angesehene Mitglied einer Gruppe

Das schwarze Schaf kann als enger Verwandter des Sündenbocks gelten und auch seine Herkunft ist biblisch: Jakob, alttestamentarisches Schlitzohr, der schon seinen Bruder kräftig über den Tisch bzw. an der Ferse gezogen hatte, suchte sich als Lohn für ein übles Zeitarbeitsverhältnis aus der Herde seines Chefs Laban nur die „bunten Schafe und alle schwarzen Schafe und die bunten und gefleckten Ziegen" aus. Weil diese in der Herde eher selten waren, glaubte Laban, einen guten Schnitt gemacht zu haben. Doch durch den Einsatz von Gentechnik – damals funktionierten noch Zweige von Silberpappeln, Mandelbäumen und Platanen – sorgte Jakob dafür, dass fast keine weißen Tiere mehr geboren wurden. Warum die schwarzen Schafe gerade dann aber redensartlich die schlechten sind, bleibt unklar. Etwas klarer ist die Erklärung, dass schwarze Wolle einfach schlechter zu färben war und weiße Schafe somit als wertvoller galten.

seine Schäfchen ins Trockene bringen

den eigenen Besitz schützen, sich einen Gewinn oder Vorteil sichern

In manch aktueller Literatur zum Thema ist zu lesen, das Schaf sei eigentlich keines, sondern ein „Schepken", ein niederdeutsches Schiffchen im sicheren Hafen, dass von den Binnenlandbewohnern als Schäfchen missverstanden wurde. Doch inzwischen ist klar, dass es tatsächlich um die Wiederkäuer geht, wenn auch schon seit dem 16. Jahrhundert im übertragenen Sinn. Dem liegt die alte Schäferweisheit zugrunde, dass man seine Herde nicht auf sumpfigen Wiesen halten sollte, weil dort der oft tödliche Befall mit den Feuchtigkeit liebenden Leberegeln viel wahrscheinlicher ist. Wer also seine Schäfchen vor den Parasiten schützen will, sollte sie besser ins Trockene bringen.

Schlange

schlanker Schlingel

Die Schlange, althochdeutsch „slango" ist eine Ableitung aus einem älteren Verb und bedeutet „das sich Windende", das sich auch im mittelhochdeutschen „slingen" wiederfindet. Hier meint es aber zusätzlich flechten, woraus dann auch die Schlinge abzuleiten ist. Weitere Verwandte sind dann schlingern, schlank und schlendern und über Letzteres wahrscheinlich auch der Schlingel.

Schlangengrube

eine Situation, in der man von lauter Feinden umgeben ist

Die Schlangengrube ist dem vorchristlichen Skandinavien mindestens seit dem 9. Jahrhundert bekannt und galt wohl als besonders heroische Todesart. In den Atliliedern der Heldendichtung Edda ist der inzwischen auch ziemlich sprichwörtliche Hunnenkönig Attila alles andere als begeistert davon, dass der Burgunder Gunnar nicht verrät, wo der Nibelungenschatz versenkt wurde. So lässt er ihn prompt mit gefesselten Händen in eine Grube voll giftiger Schlangen werfen. Aber die Nibelungen wären ja kein Wagner-Stoff geworden, wenn jemand einfach und vor allem sang- und klanglos dahinschiede. Und so schnappt sich Gunnar eine Harfe und klimpert mit den Zehen wohl im wahrsten Sinne verbissen drauflos: „Eine Harfe griff Gunnar, er spielte mit den Fußsohlen-Zweigen; er konnte sie so schlagen, dass die Frauen weinten."

die Schlange am Busen nähren

jemanden unterstützen und ihm vertrauen, der einen später verraten wird

In Äsops „Der Wanderer und die Schlange" findet ein Wanderer eine völlig durchgefrorene Schlange, die er mitleidig unter sein Gewand steckt, um sie aufzuwärmen. Als die Schlange dadurch aber wieder munterer wird, revanchiert sie sich bei ihrem Wohltäter mit einem tödlichen Biss. Der Busen ist hier also nur die poetische Variante von Brust, hat dann aber wohl für die Verbindung mit dem „nähren" gesorgt.

eine Schlange sein

listig, hinterhältig sein

Dass dies aus der Bibel stammt, dürfte jedem, der sich an das paradiesische Aufschwatzen von Früchten der Erkenntnis erinnert, klar sein. Dass die Bibel Schlangen aber mitunter auch ziemlich klasse findet, wird etwa bei Matthäus deutlich, wo Jesus empfiehlt, man solle doch klug wie die Schlangen (aber auch sanft wie die Tauben) sein. Und schon Moses hat immerhin seinen Israeliten eine kupferne Schlange mit Heilwirkungen präsentiert, womit sich die Frage stellt, warum er sich über das Goldene Kalb dann so aufgeregt hat. Dass heutzutage eigentlich nur hinterlistige Frauen als falsche Schlange bezeichnet werden, hat sicher mit dem Frauenbild früherer Zeiten zu tun und damit, dass schließlich Eva sich in Eden von der Schlange verführen ließ.

Schmetterling

kein Tenor, aber Sahneliebhaber

Der Name ist seit dem 16. Jahrhundert bekannt, hat aber natürlich nichts mit Schmettern im Sinne von Singen oder Rufen zu tun, sondern entweder mit dem kräftigen Aneinanderschmettern der Flügel oder, was wahrscheinlicher ist, mit „Schmetten", einem anderen Wort für Rahm, für den manche Falter eine besondere Vorliebe haben sollen. Dafür würden auch volkstümliche Namen wie Milchdieb sprechen, vor allem aber das englische „butterfly".

Schmetterlinge im Bauch haben

kribbelndes Gefühl der Verliebtheit in der Magengegend

Damit ist natürlich nicht gemeint, dass man nur im Magen verliebt sein könnte, auch wenn die Liebe manchmal genau dadurch gehen soll. Diese Wendung hat aber auch definitiv nichts mit den üblichen verdächtigen Insekten zu tun, die sich, dämonisch oder nicht, in einem bestimmten Körperteil einnisten sollen. Vielmehr scheint das Kribbeln im Bauch aus einer ganz anderen Ecke zu kommen, einer Hirnregion namens limbisches System, die vereinfacht gesagt für die Emotionen zuständig ist und diese auch mit körperlichen Reaktionen im Rest des Körpers verknüpft. Bei Angst etwa schlägt das Herz schneller und die Muskeln werden besser durchblutet, was bei anstehender Flucht ja auch Sinn macht. Im Zustand des Verliebtseins ist aber Flucht meist nicht das Richtige und es reicht ein wohliges Gefühl. Wofür die Bauchgegend ideal ist, weil sie allgemein sehr empfindlich auf Emotionen reagiert, etwa wenn einem etwas auf den Magen schlägt.

Schnecke

Kriechtier

Die seit dem 9. Jahrhundert bekannte Schnecke stammt über das althochdeutsche „sneggo" wahrscheinlich von „snahhan", das „kriechen" bedeutet und auch für die englische Schlange (snake) verantwortlich ist. Bei uns konnte entsprechend Schnake früher nicht nur Stechmücke, sondern auch Ringelnatter bedeuten. Das einst auch Mädchen als Schnecke bezeichnet wurden, hat wohl mit einer früher angesagten Schörkelfrisur, dem Schneckerl zu tun, dürfte aber genauso out sein wie die Haartracht.

Schneckenpost

ein besonders langsames Beförderungsmittel

Im Englischen meint die Schneckenpost (snailmail) heute zwar alles, was langsamer als E-Mail ist, eigentlich bezieht sich der Ausdruck jedoch auch auf die Beförderung von Personen, nämlich mit den Postkutschen der Thurn- und Taxis, deren Tempo legendär war. Von einer solchen Reise, 40 Stunden Geruckel von Frankfurt bis Stuttgart, war Ludwig Börne 1821 so begeistert, dass er in seiner „Monographie der deutschen Postschnecke" die Vorzüge der Scheckenpost in höchsten Tönen pries: „Nach den Fenstern guter Freundinnen kann man oft und lange zurücksehen; guten Freunden begegnet man zweimal auf der Straße; hat ein Reisender vergessen, seine Rechnung im Gasthause zu bezahlen, so kann ihm der Wirt nachgehen und ihn daran erinnern."

sich freuen wie ein Schneekönig

sich außerordentlich und ausgelassen freuen

Der Schneekönig ist ein Zaunkönig. Weil der kleine, quirlige Vogel im Winter nicht nach Süden zieht, hat man ihn schon im 16. Jahrhundert mit Schnee in Verbindung gebracht. Und weil er eben so munter ist, lag die Lebenslust sehr nahe und man glaubte, er müsse sich halt über irgendetwas ganz tierisch freuen.

schwanen

etwas (meist ein Unheil) vorausahnen

Sein Name rührt wahrscheinlich vom indogermanischen „swen" her, das „tönen" bedeutet, und hat daher anfangs womöglich nur den Singschwan bezeichnet. Dass der Schwan aber ursprünglich am Schwanen beteiligt war, wird von einigen Fachleuten bezweifelt. Vielmehr soll hier eine falsche Zusammenführung von „es wanet", im Sinne von wahnen wie wähnen oder ahnen, zu „(e)swanet" passiert sein. Dagegen spricht, dass das Wort im 16. Jahrhundert vor allem von den Schriftstellern benutzt wurde, die Latein beherrschten. So soll das Ganze ein Wortspiel aus den lateinischen Wörtern für Schwan (olor) und etwas riechen, wittern (olere) sein. Allerdings wird der Hintergrund dafür sein, dass Schwäne schon immer als prophetisch begabt galten: Denn bereits Platon lässt Sokrates im Phaidon ganz selbstverständlich sagen, sie seien wahrsagerisch, „da sie das Gute in der Unterwelt voraus erkennen" und sie angesichts ihres bevorstehenden Todes „dann am meisten und vorzüglich singen". Daher auch die Bezeichnung Schwanengesang für das letzte Werk eines Künstlers.

Mein lieber Schwan!

Ausruf des Erstaunens, oft auch ironisch

Hier geht es um Wagners Schwanenfaible, aber weder um Wellgunde noch Woglinde noch um Floßhilde und auch sonst keine Schwanenjungfrau. Als Lohengrin in der gleichnamigen Oper seinem Schwanentaxi entsteigt, zeigt er recht gute Manieren: „Nun sei bedankt, mein lieber Schwan!" Und weils so schön war oder der Schwan so lieb, folgt drei Sätze später: „Leb wohl, leb wohl, mein lieber Schwan!" Das fand wohl selbst mancher Wagnerfan so spannungsgeladen, dass man heute damit oft scherzhaft eine Überraschung kommentiert.

Schwein

Ex-Ferkel

Das Schwein heißt bereits im Althochdeutschen „swin", soll aber aus dem alten „su" für Sau abgeleitet sein und zunächst nur „zur Sau gehörig", dann Ferkel, wie im lateinischen „sucula" für Schweinchen, und erst dann im heutigen Sinne die Art gemeint haben. Es kommt sprachlich gesehen der eierlegenden Wollmilchsau schon sehr nahe: Aufgrund seiner angeblichen hygienischen und moralischen Defizite produziert es Substantive wie Schweinerei, Adjektive wie schweinisch und Verben wie schweinern – leider ausgestorben ist das schöne Adverb schweinerlich. Vor ein Substantiv gespannt kann das arme Schwein wahlweise herabsetzend (Schweinebande, Schweinearbeit) oder steigernd (ein Schweinegeld verdienen) wirken. Vergleiche von Mensch und Schwein allerdings zielen allein auf negative Eigenschaften ab. Oft wird dabei gleich auf das Wörtchen „wie" verzichtet und so kann man theoretisch sogar gleichzeitig Schwein sein und dabei noch Schwein haben.

Schwein haben

unverdientes oder unerwartetes Glück haben.

Zum einen waren Schweine früher durchaus ein Zeichen für gewissen Wohlstand. Wirklich Arme hatten weder Lebensmittelreste noch Körnerfutter übrig, um sie ans Borstenvieh zu verfüttern. Zum anderen war Sau bereits im 16. Jahrhundert ein Ausdruck für das As, also die höchste Karte im Spiel, die man natürlich ebenfalls gerne auf der Hand hatte. Allerdings gibt es auch seit dem Mittelalter, ähnlich wie beim Bockschießen, die Tradition, ein Schwein als oftmals spöttischen Trostpreis zu überreichen. Wer etwa von einem Schützenfest ein Schwein mitbrachte, war eindeutig als Letzter des Wettbewerbs erkennbar und brauchte für den Spott nicht mehr zu sorgen. Dennoch: Ein Schwein ist besser als kein Schwein und somit hatte der eigentliche Verlierer mehr Glück als etwa der Vorletzte - und eben ziemlich unverhofftes. Ganz ähnlich wäre heutzutage das saumäßige Glück, damit hat man zwar auch Schwein, aber nur gerade noch so eben.

° das kann (doch) kein Schwein lesen

diese Schrift ist völlig unleserlich

Eine sehr populäre Erklärung geht davon aus, dass Schweine hier völlig unbeteiligt sind, im Gegenteil zu den Swynen: Im 15. Jahrhundert konnte kaum jemand lesen und schreiben. Wer es beherrschte, bot mitunter seine Dienste für das Vorlesen und Beantworten von Schriftstücken an, so auch die schleswig-holsteinische Gelehrtenfamilie Swyn. Manches Schreiben war aber so unleserlich, das konnte nicht einmal ein Swyn lesen. Diese Herleitung hat allerdings den ein oder anderen Haken: Zwar gab es diese Dithmarscher Großbauernfamilie tatsächlich und ihr prominentestes Mitglied Peter Swyn galt als sehr gebildet, hatte Ende des 15. Jahrhunderts in Rostock studiert. Über Schreib- und Lesedienste gibt es aber keine Quellen, zumal die Swyns eine der reichsten Familien der Region waren. Peters Enkel war Landvogt. Zudem existiert die Herleitung auch für die Wendung „das weiß kein Schwein", also ohne Lesen. Schließlich wird gerne Lutz Röhrich als Beleg angeführt, doch der bezeichnet das Ganze als nachträglichen Erklärungsversuch, als Sage. So wirkt die Herleitung ein wenig dürftig und das „Schwein" dient womöglich doch nur als Kraftausdruck. Schließlich hat „pas un chat", also „keine Katze", im Französischen den gleichen Sinn – und von einer gelehrten Katzenfamilie ist nun wirklich nichts bekannt.

° ein Schwein sein; sich wie ein Schwein benehmen

unsauber sein; unmoralisch handeln

„Die Krone der Schöpfung, das Schwein, der Mensch", schrieb Gottfried Benn, und so hat die Krone so manches sinnvolle Verhalten des Borstenviehs in menschliche Verfehlungen umgemünzt. Sich unfair und unanständig zu benehmen, das bedeutet, mal richtig Schwein zu sein. Wer unsauber ist oder unziemlich isst, ist schlicht ein Schwein. Wobei dies wohl eher für Feinschmecker bedenklich und weniger moralisch verwerflich ist. Das Schwein frisst für unsereins ziemlich eklige Dinge und suhlt sich im Schlamm. Allerdings schützt die Schlammkruste vor Insekten und als Allesfresser kommt es selbst mit dem zurecht, was wir ihm so vorsetzen. Eigentlich sauclever.

Spatz

winziger Weltbürger, keine Nudel

Der Name stammt vermutlich vom mittelhochdeutschen „sperwe", sodass hier der Sperling auch nicht fernliegt. Für fast alle Redensarten mit dem von Island bis Australien verbreiteten Piepmatz ist seine geringe Größe verantwortlich, so bei essen wie ein Spatz, süßer Spatz und Spatzenhirn. Wobei Letzteres ein Fehlschluss ist, denn Studien der Freien Universität Barcelona belegen, dass er in Relation zur Größe ein kapitales und höchst leistungsfähiges Gehirn hat. Eine Ausnahme vom Bezug auf die Winzigkeit bildet der Dreckspatz, der von dessen Gewohnheit herrührt, ein Staubbad zu nehmen. Die schwäbischen Spatzen oder Spätzle schließlich haben mit dem Vogel wohl nichts zu tun, sondern sind eher mit dem Ausdruck „Batzen" für ein größeres Stück, einen Klumpen verwandt.

Besser den Spatz in der Hand als die Taube auf dem Dach.

lieber einen kleinen, aber sicheren Vorteil als die ungewisse Aussicht auf einen großen

In Wanders „Deutschem Sprichwörter-Lexikon" von 1880 konnte man alternativ zur Taube noch ein Rebhuhn in der Luft oder einen Storch auf dem Dach haben. Bei diesem Sprichwort sind die Deutschen also mal besonders erfinderisch, denn im Englischen ist schlicht ein Vogel in der Hand besser als zwei im Busch. Und in vielen anderen Sprachen wie Spanisch, Französisch und Niederländisch ist einer in der Hand dann besser als zehn in der Luft. Kreativ ebenbürtig sind uns höchstens die Italiener: besser ein Ei heute als ein Huhn morgen (è meglio un uovo oggi che una gallina domani). Weil beim Spatz in der Hand auch gerne vage auf die Bibel verwiesen wird, hier der nächstliegende, aber dürftige Bezug im Lukas-Evangelium: „Habt keine Angst: Ihr seid Gott mehr wert als ein ganzer Schwarm Spatzen!" Da der Sperling inzwischen auf die Vorwarnliste der gefährdeten Arten gesetzt wurde, sollte man sich da vielleicht ernsthafte Sorgen machen.

die Spatzen pfeifen es von den Dächern

etwas ist ein offenes Geheimnis, jeder weiß es

Obwohl die Redensart erst im 19. Jahrhundert nachgewiesen ist, wird auch hier gerne auf die Bibel verwiesen. Im Buch Kohelet steht: „Fluche dem König nicht in deinem Herzen und fluche dem Reichen nicht in deiner Schlafkammer; denn die Vögel des Himmels führen die Stimme fort, und die Fittiche haben, sagen's weiter." Das kommt dem pfeifenden Spatzen schon sehr nahe. Berücksichtigt man aber, dass Sperlinge schon immer dort waren, wo es Dächer gab, denn sie sind seit gut 10 000 Jahren als Kulturfolger dabei, und einfach allgegegenwärtig waren, ist die Bibel hier womöglich nicht mal vonnöten. Dass Dächer und Spatzen jedenfalls unzertrennlich sind, wird daran ersichtlich, dass man sich lange Zeit wunderte, warum der Sperlingsbestand in Berlin so beachtlich ist – bis man darauf kam, dass dort noch besonders viele Fassaden unsaniert sind und dem Vogel genug Raum bieten, um auch das bestgehütete Geheimnis massenhaft von den hauptstädtischen Dächern zu pfeifen.

mit Kanonen auf Spatzen schießen

völlig übertrieben reagieren, unangemessene Maßnahmen anwenden

Hier handelt es sich wahrscheinlich um ein geflügeltes Wort: Der österreichische Reichskanzler Gyula Andrássy soll 1871, also zu Zeiten des Kulturkampfes und heftiger Auseinandersetzungen mit der katholischen Kirche, zu Bismarck gesagt haben, er halte deren Anhänger für nicht so gefährlich und liebe es nicht, mit Kanonen auf Spatzen zu schießen. Diese Vorstellung ist aber noch nichts gegen die drastischen Maßnahmen des französischen Pendants, denn dort kann man gegen den Sperling gleich mit einer Panzerfaust vorgehen (tirer des moineaux avec un bazooka).

schimpfen wie ein Rohrspatz

sehr laut, schrill und zornig schimpfen

Beim Rohrspatz, den es so nicht gibt, kommt so mancher Experte durcheinander: In Adelungs „Grammatisch-kritischem Wörterbuch" von 1789 ist es die Rohrammer, bei Brehm und Röhrich der Drosselrohrsänger, wobei Brehm dann ein merkwürdiges Faible fürs Schimpfen hätte: „Ich muß gestehen, daß der

Gesang der Rohrdrossel mich von jeher außerordentlich angezogen hat." Klar aber ist, dass der „Gesang" dieser Vögel starke Anleihen ans Froschquaken hat und das vor allem das Imponiergehabe der Sänger auf dem Schilfrohr den Eindruck von Schimpfen machte: „hochaufgerichtet, mit hängenden Flügeln und ausgebreitetem Schwanze, dick aufgeblasener Kehle, den Schnabel nach oben gewendet". In literarischer Hinsicht durfte wohl Frau Schnips 1777 im gleichnamigen Gedicht Gottfried August Bürgers als Erste redensartlich zetern: „Das Mäulchen, samt dem Zünglein flink / Saß ihr am rechten Flecken. Sie schimpfte wie ein Rohrsperling / Wenn man sie wollte necken."

jemandem spinnefeind sein

Todfeind, Erzfeind sein

Im 17. Jahrhundert schrieb Johann Michael Moscherosch über die Politiker seiner Zeit, „daß sie meist heimtückische, falsche, eigensinnige, eigennützige, theils auch unchristliche Leute und Tyrannen waren, (...) die allen gelehrten, redlichen Leuten spinnefeind" gewesen seien. Moscheroch musste es wissen, auch er war Staatsmann. Zu diesem Zeitpunkt war „spinnefeind" also schon vielseitig verwendbar, denn ein Jahrhundert früher bezog sich das Wort noch speziell auf tödliche Feindschaft unter Gleichen. Dies aufgrund der Beobachtung, von der schon Aristoteles berichtet, dass jene „kleinen Finsterlinge, welche man Spinnen nennt" (Brehm) sich durchaus untereinander bekämpfen und mitunter auch fressen.

den Stier bei den Hörnern fassen

eine Sache ohne Umschweife angehen

Im „Deutschen Sprichwörter-Lexikon" von Wander finden sich eine Vielzahl von Redensarten mit Stieren und Hörnern, z. B. „Den Stier muss man nicht bei den Hörnern fassen" und „Man muss den Stier bei den Hörnern fassen." Was nun? Die erste Wendung bezieht sich darauf, dass man ein Vorhaben nicht an der schwierigsten Stelle beginnen soll, die zweite darauf, dass die schwierigste Stelle manchmal der einzig richtige Weg ist.

Vogel-Strauß-Taktik

einer unangenehmen Situation durch Nichtbeachtung entgehen wollen

Das griechische „stroutheios“ bedeutet eigentlich Spatz und bereits in der Antike behauptet Plinius, der Laufvogel sei „das dümmste Tier unter allen“, denn er glaube, wenn er seinen Kopf verstecke, werde er nicht gesehen. Tatsächlich aber tarnt er sich bei Gefahr, indem er mit ausgestrecktem Hals flach auf den Boden liegt. So wird er von Feinden entweder ganz übersehen oder mitunter für einen Strauch gehalten. Kommt der Feind allerdings näher, springt der Riesenspatz auf und gibt mit 60 bis 70 Stundenkilometern ordentlich Gas. Vom Kopf in den Sand stecken kann hier also keine Rede sein

stutenbissig

missgünstiges Verhalten, Rivalität unter Frauen

Eine wilde Pferdeherde besteht meist aus einem Leithengst, einer Bande Fohlen und einigen Stuten. Wie bei anderen Spezies hat hier aber das Männchen nur scheinbar das Sagen. Die Leitstute bestimmt den Tagesablauf und wo's langgeht, führt die Herde zu den Wasserstellen und achtet auf mögliche Gefahren. Diese Führungsposition wird immer wieder in Rangkämpfen ermittelt, in denen die dominante Stute die Konkurrentin wegbeißt, anstatt wie der Hengst ihre Streitigkeiten mit den Hufen auszutragen.

T

wie von der Tarantel gestochen

blitzartig hochfahren; etwas wie besessen tun

Tatsächlich hat die Schwarze Witwe den Ruf der Tarantel auf dem Gewissen. Während der Biss der Tarantel, nach der italienischen Stadt Tarent benannt, allenfalls schmerzhaft ist, kann die Europäische Schwarze Witwe, die ebenfalls im Mittelmeerraum vorkommt, mit ihrem Gift unter anderem heftige Zuckungen auslösen. Dass die Tarantel dafür verantwortlich gemacht wurde, wird daran liegen, dass sie verhältnismäßig groß ist und als tagaktive Wolfsspinne auffällt, während die Schwarze Witwe eher winzig ist und ihr Biss auch meist erst bemerkt wird, wenn sie längst über alle Berge ist. Die von ihr ausgelösten Zuckungen wurden auch mit der immer noch ungeklärten spätmittelalterlichen

Tanzseuche „Veitstanz" in Verbindung gebracht. Der süditalienische Volkstanz „Tarantella" soll hingegen ursprünglich als Heiltanz erdacht worden sein, um den vermeintlich von der Tarantel Gestochenen die Vergiftung auszutreiben.

turteln wie die Tauben

sehr verliebt sein und dies einander auch deutlich machen

Gemeint ist hier natürlich die Turteltaube, wobei das „Turteln" vom lateinischen „turtur" stammt und nichts anders ist als die Lautnachbildung ihres „Gurrens", wiederum seit dem 14. Jahrhundert unsere Variante der Lautmalerei. Schon im Hohelied Salomons dient sie als Kosename (meine Taube, meine Vollkommene) und auch als Anheizerin romantischer Stimmung (die Zeit des Singens ist gekommen, und die Stimme der Turteltaube läßt sich hören in unserm Land). Auch die Griechen und Römer verehrten sie als Liebesvogel, was die pragmatischen Griechen nicht davon abhielt, sie zur Besänftigung der Furien zu opfern, und die Tauben nicht davon, als Delikatesse auf römischen Tellern zu landen. Übrigens: Auch in England kannte man das „Turteln" und daher flirtet in Shakespeares Gedicht „The Phoenix and the Turtle" der Fabelvogel natürlich mit dem Turteltäubchen und keinesfalls mit der Schildkröte. Letztere heißt im Englischen ebenfalls „turtle", verdankt ihren Namen aber sprachfaulen englischen Seeleuten, die das französische „tortue" kurzerhand in das bereits vorhandene „turtle" umwandelten.

warten, bis einem die gebratenen Tauben in den Mund fliegen

ohne eigenes Zutun eine positive Entwicklung erwarten

Dass verzehrfertige Vögel durch laue Lüfte schweben und nur ein Ziel kennen, den offenen Mund eines Faulenzers, ist offensichtlich ein alter Menschheitstraum. Schon in der antiken Vorstellung vom paradiesischen Goldenen Zeitalter schwirren gebratene Wacholderdrosseln umher, spätestens seit dem 15. Jahrhundert sind es dann die Tauben des Schlaraffenlands wie im Grimmschen Märchen. Schlaraffe leitet sich übrigens vom mittelhochdeutschen „slur" für schlummern oder Faulenzer und entweder tatsächlich dem Affen oder einer Variante von „schlaff" her. Und während auch der französische Faulpelz auf gebratenes Federvieh, in diesem Fall eine Lerche, hofft, sitzt sein türkischer Kollege unter einem Birnbaum und wartet darauf, dass dessen gebackene Früchte direkten Weges in seinen Mund fallen.

tigern

entspannt schleichen

Der Tiger war ein Tigertier. Vom althochdeutschen „tigirtior“ stammend wurde er erst im 17. Jahrhundert ums Tier gebracht. Der Tiger wiederum kommt vom griechischen „tigris“, das wohl auf ein altiranisches Wort für Pfeil (tigraii) zurückgeht. Natürlich liegt hier die Vorstellung vom pfeilschnellen Räuber sehr nahe. Getigert wird hingegen erst seit dem 20. Jahrhundert, das Verb ist eine deutsche Schöpfung und bezieht sich auf den schleichenden, schlendernden Gang der größten Raubkatze.

Trampeltier

zweihöckriges Kamel / jemand sehr Ungeschicktes

Die Sache mit den Höckern ist reichlich verzwickt: Im 16. Jahrhundert war das Trampeltier (auch Trumeltier), natürlich zusammengesetzt aus Trampeln und Tier, eine übergreifende Bezeichnung für Altweltkamele gleichwelcher Höckerzahl. Für die Entstehung war aber die die lautliche Ähnlichkeit zum Dromedar mitverantwortlich. Das wiederum bedeutete „Läufer“ und bezeichnete schon seit dem 13. Jahrhundert das schnellere, einhöckrige Tier. Aufgrund anhaltender Verwirrung hat man dann das Kamel mit einem Höcker als Dromedar festgelegt und seine trampelnde Ableitung mit zweien ausgestattet.

U

Unkenrufe

pessimistische, unheilverkündende Kritik

„Es zeigte sich auch gleich, daß ich richtig vermutet hatte, denn jetzt ertönte der viermalige Unkenruf in der Weise, wie es zwischen uns verabredet worden war“, vermutet Old Shatterhand fälschlich, zumal es in Nordamerika keine Unken gibt. Doch zoologische Unsicherheiten gab es nicht nur bei Karl May, denn das seit dem 8. Jahrhundert bekannte Wort bedeutete hierzulande ursprünglich Ringelnatter. Die Übertragung soll angeblich passiert sein, als die Schlangen seltener wurden und der Name sozusagen frei wurde. Weil das tiefe Quaken insbesondere der Rotbauchunke so melancholisch klingt, galt es schon früh als traurig und klagend, dann als Unheil verkündend oder zweifelnd. Und heute sind diejenigen, die unken und im übertragenen Sinne Unkenrufe von sich geben, auch die Pessimisten und Zweifler. Wer sich davon nicht beeindrucken lässt, verfolgt sein Ziel allen Unkenrufen zum Trotz. Das Unkenklagen hat übrigens auch für den wissenschaftlichen Namen des Tieres gesorgt, der vom lateinischen „bombus" für „tiefer Ton" kommt und den man allerdings eher im Fußball verorten würde: Bombinator.

V

vogelfrei

geächtet, gesetzlos

Das Wort ist wesentlich jünger als seine Bedeutung. Jemand, gegen den im Mittelalter die Acht ausgesprochen wurde, war aufgrund seiner Verfehlung von keinem Gesetz mehr geschützt, war ebenso niemandem zugehörig und von jedem straffrei zu erlegen wie ein Vogel (was allerdings nicht ganz stimmt, denn auf Wilderei stand mitunter die Todesstrafe). Der Ausdruck stammt allerdings erst aus dem 16. Jahrhundert, sodass den meisten Geächteten nie bewusst gewesen sein dürfte, dass sie immerhin frei waren wie ein Vogel.

den Vogel abschießen

die beste Leistung liefern, siegen, oft auch ironisch

Dies ist im Grunde das Gegenteil zum geschossenen Bock und zum gehabten Schwein. Beim schon im Mittelalter belegten Vogelschießen wird auf die hölzerne Nachbildung meist eines Adlers angelegt und wer Schützenkönig werden will, muss den Vogel abschießen. In manchen Regionen ist allerdings der Titel des Schützenkönigs nicht nur mit hohen Ehren, sondern auch mit hohen Ausgaben versehen, sodass nicht jeder unbedingt siegen möchte. Wer aber unabsichtlich trifft, hat zwar auch den Vogel abgeschossen, aber in einem Sinne, der ihm nicht behagen dürfte. Daher vielleicht auch die oft ironische Verwendung der Wendung.

einen Vogel haben

nicht ganz bei Sinnen sein, eine fixe Idee haben

Wie schon beim Ohrwurm und beim Floh im Ohr geht die Idee dahinter auf den alten Volksglauben zurück, „Dachschäden" würden durch sich im Kopf einnistende Tiere verursacht. Auch die berühmte Meise unterm Pony und die

Feststellung „Bei dir piepts wohl!" stammen daher. Dass das Oberstübchen aber auch von anderem Getier heimgesucht werden kann, beweisen unsere Nachbarn, denn in England hat man stattdessen Fledermäuse im Glockenturm (to have bats in the belfry) und in Frankreich krabbelt dann eine Spinne an der Decke (avoir une araignée au plafond).

W

in ein Wespennest stechen

eine sehr heikle, konfliktbeladene Sache angehen und dabei heftigste Reaktionen in Kauf nehmen

Dass dies auch im übertragenen Sinn eine eher ungute Idee wäre, ist bei uns schon seit dem 13. Jahrhundert belegt, aber nur eine Abwandlung der antiken Weisheit der Lateiner, man solle besser keine Hornissen reizen: „irritare crabrones". Von Stechen oder Hineingreifen ist hier allerdings noch keine Rede, ebenso wie bei unseren niederländischen Nachbarn, die sie nicht einmal stören möchten (hij heeft het wespennest verstoord), oder unseren französischen, die drastisch gleich ganz hineingeraten, was angesichts der Größenverhältnisse schon einiges Talent erfordern würde (tomber dans un guêpier).

wieseln, wieselflink

überall zugleich, besonders rasch in Reaktionen und Bewegungen sein

In Bezug auf den stinkenden Iltis wurde bereits auf die vermutliche Herleitung des Wiesels vom spätlateinischen „vissio" für Gestank hingewiesen. Weniger unangenehm, aber ebenso auffällig ist eine weitere Eigenschaft, seine Agilität. Und so ist auch die Herkunft vom lateinischen „pendicare" möglich, das sich schnell hin und her bewegen bedeutet. Dann wäre aus der Umschreibung seiner Behändigkeit zunächst der Tiername entstanden und aus dem Tiernamen wiederum eine Umschreibung für Behändigkeit – womit sich also das Wiesel namentlich ganz kräftig in den Schwanz bisse. Die alten Griechen haben redensartlich beim Verlieren der Stimme übrigens keinen Frosch, sondern den kleinen Marder verschluckt, was auch kein Vergnügen gewesen sein dürfte.

Wolf

italienischer Glückwunsch

Er heißt bereits im Althochdeutschen „wolf" und wurde schon immer gleichermaßen bewundert wie gefürchtet: So konnte er namentlich zwar dem alten Beowulf (wobei mit dem Bienen-Wolf wahrscheinlich der Bär gemeint ist) und dem inzwischen eher unpopulären Adolf ebenso wie manch jungem Wolfgang Kraft verleihen, aber wegen seiner sprichwörtlichen Gefährlich- und Gefräßigkeit auch schon im 15. Jahrhundert eine Hautkrankheit oder seit dem 11. Jahrhundert die giftige Wolfsmilch bezeichnen. Und im „Reinecke Fuchs" ist sein Name „Gier" auch nicht gerade charmant, ebenso wenig wie „Frau Gieremund" für die Wölfin. Italienische Schauspieler wünschen sich gegenseitig übrigens traditionell weder Hals- noch Beinbruch, sondern direkt ins Maul des Wolfes (In bocca al lupo!), wobei die Entgegnung „Crepi!" (Dass er verrecke!) das Ganze auch nicht besser macht.

Wolf im Schafspelz

jemand, der sich seinen Opfern gegenüber als ihresgleichen oder besonders sanftmütig ausgibt

Im Deutschen findet sich die Redewendung schon im 9. Jahrhundert, andernorts bereits früher – denn auch diese geht auf eine Bibelstelle zurück. Matthäus warnt dort vor den falschen Propheten, die „in Schafskleidern zu euch kommen, inwendig aber sind sie reißende Wölfe".

mit den Wölfen heulen

sich opportunistisch nach der Mehrheit richten

Den berühmten Wolfsforscher Erik Zimen rief einmal eine aufgeregte Münchnerin an und behauptete steif und fest, sie könne ihn zwar nicht sehen, aber unter ihrem Fenster heule ein Wolf. Auf Zimens Nachfrage, warum es nicht auch ein Hund sein könne, entgegnete sie: „Weil es sich so schön schaurig anhört." Nun dient wölfisches Heulen, ein- oder gemeinsam, nicht üblicherweise dazu, Bayern Schauer über den Rücken zu jagen, sondern vorrangig der Revierverteidigung und Partnersuche. Und als gemeinsames Heulen stärkt es die soziale Bindung im Rudel, womit wir bei der menschlichen Variante wären.

Wer sich jeder Situation oder schlechten Gesellschaft opportunistisch anpasst, als gehöre er dazu, heult schon seit dem 15. Jahrhundert sprichwörtlich mit den Wölfen. Dabei sollte er aber beachten, in welche Gruppe er sich einheult, denn Zimer konnte nachweisen, dass verschiedene Rudel eigene Heul-Dialekte haben, ganz sicher auch die bayrischen Großstadtwölfe.

wurmen

ärgern, piesacken

Während der Wurm sich im deutschen Sprachraum schon mindestens seit dem 8. Jahrhundert tummelt, kann etwas unsereins erst seit dem 18. Jahrhundert auch wurmen, also ärgern. Die Vorstellung, dass ein Wurm an den Nerven oder auch am Gewissen nagt, ist wahrscheinlich aber nicht der ursprüngliche Hintergrund, denn im Niederländischen bedeutet „wurmen", sich zu quälen und abzumühen, was darauf Bezug nimmt, dass das Kriechen von Würmern immer ein wenig nach Quälerei aussieht.

Bücherwurm

Bücherfresser jeder Couleur

Als Bücherwürmer im engeren Sinne gelten die Larven verschiedener Nagekäfer, darunter der bekannte Holzwurm. Doch gibt es eine Vielzahl von Tieren von der Staublaus bis zum Silberfischchen, die sich an unserem Lesestoff gütlich tun oder ihn anderweitig ruinieren. Das weiß man schon seit der Antike. Der von Aristoteles verdächtigte Bücherskorpion ist allerdings ein bibliophiles Nutztier, das gerade die Schädlinge beseitigt. Als besonders pfiffige Dokumentenvernichter haben sich die nordamerikanischen Gelbfußtermiten erwiesen, die zuerst 1937 im Hamburger Stadtteil Altona entdeckt wurden. Ihre Ausrottung verhinderten sie bis heute, etwa weil sie die Bau- und Leitungspläne im Gerichtsarchiv gleich mit fraßen. Dann gibt es natürlich den menschlichen Bücherwurm, entdeckt 1747 von Lessing. Umgangssprachlich mag er schon länger bekannt gewesen sein, die Vorstellung beruht aber sicherlich auf der Angewohnheit, den Kopf so tief ins Buch zu stecken, als fräße man daran.

° jemandem die Würmer aus der Nase ziehen

jemandem langsam und aufwendig Antworten entlocken

Bereits in der Volksmedizin des 14. Jahrhunderts glaubte man, körperliche Beschwerden seien auf verschiedene Krankheitsdämonen in Wurmgestalt zurückzuführen – es gab Magen-, Herz-, Zahn-, Ohr- und eben auch Hirnwürmer. Diese Vorstellung machten sich die Quacksalber späterer Jahrhunderte zunutze, die auf Jahrmärkten mit ihren Taschenspielertricks dann mit viel Brimborium ihren Patienten scheinbar Würmer durch die Nase aus dem Gehirn zogen, um sie von Kopfschmerzen zu befreien. So wird dieses Würmerziehen wohl weniger der Informationsgewinnung im heutigen Sinne als dem Geldbeutel der Kurpfuscher gedient haben.

Z

° Ziege

von zweifelhafter Herkunft

Der Ursprung des Wortes ist unklar, wird aber wohl mit der ebenfalls seit dem 9. Jahrhundert bekannten Variante „Zicke" zusammenhängen. Diese meinte auch früher schon das weibliche Tier und ist vermutlich mit dem altenglischen „ticcen" verwandt, das sowohl bei Schafen als auch bei Ziegen das Muttertier bezeichnete. Weil es weitere ähnliche Namen für weibliche Vierbeiner gab oder gibt, wie das altnordische „tik" für Hündin oder „Ricke" fürs Reh, wird aber dahinter eine verschollene germanische Bezeichnung fürs weibliche Tier an sich vermutet, die sich wohl im Laufe der Jahrhunderte durch die Spezialisierung der Tiernamen überflüssig machte.

° Zicken machen

unnötige Umstände, Dummheiten machen

Zunächst ist denkbar, dass hier die vierbeinigen Zicken beteiligt sind, die ja einerseits bekanntermaßen ziemlich störrisch, also zickig sind und ihrem Hirten so manche Umstände machen. Und andererseits standen sie ja auch bereits bei den italienischen Kapriolen und deutschen Bocksprüngen nicht unbedingt für vernunftbetonte Ernsthaftigkeit. Die gemachten Zicken könnten aber ebenso gut nichts damit, sondern etwas mit ziellos schlendernden

Berliner Jungs zu tun haben, denn auf Berlinerisch bedeutet „'ne Zicke machen" schlicht, einen Bummel durch die Straßen zu machen und gebummelt wird nun mal nicht zielstrebig, sondern eher im Zickzack; daher die Berliner Zicken.

Ziegenpeter

Mumps / regional auch ein (angeblich dämlicher) Ziegenhirte

„Heidi schaute derweilen nach den Geißen aus. ‚Wie heißen sie alle, Peter?', fragte es. Das wusste dieser nun ganz genau und konnte es umso besser in seinem Kopf behalten, da er daneben wenig darin aufzubewahren hatte." Und so hat Heidis Ziegenpeter tatsächlich etwas mit dem Mumps zu tun. Denn der „schlichte" deutsche Name Peter wird regional auch als Synonym für Depp oder Tölpel gebraucht. In diesem Sinne wäre hier also ein einfältiger Hirte gemeint, zumal dieser Beruf früher wenig angesehen war. Der Ziegenpeter als Krankheit rührt aber nun nicht vom dämlichen Hirten, sondern von demjenigen her, der aufgrund entzündeter Speicheldrüsen ein aufgeschwollenes Gesicht und angeblich Ähnlichkeit mit einer Ziege hat – was ja ebenfalls nicht sonderlich clever, also nach Peter aussieht. Dass man inzwischen wohl aber auch ganz wertfrei Ziegenpeter sein kann, lässt sich aus dem Titel einer Mitteilung des Polizeipräsidiums Mittelfranken von 2010 zu einem Einsatz wegen entlaufener Böcke schließen: „Polizisten als Ziegenpeter gefordert".

2

DAS GEMEINE UNTIER

Tiere, die es (so) nicht gibt

Als Bildung zur Wurzel „dheu“ für „stieben, blasen“ bezeichnet das Tier, althochdeutsch „tior“, zunächst einmal das Nicht-Haustier, ursprünglich aber wohl das atmende Wesen, so wie im lateinischen „animal“ die „anima“, der Lebenshauch steckt. Das Untier wäre demnach das „nicht Atmende“, das Ungeheuer und Ungetüm, das es nicht gibt. Und die Untiere dieses Kapitels werden Sie in freier Wildbahn auch vergeblich suchen, sie treiben Ihr Unwesen ausschließlich im Bestiarium unserer Alltagssprache.

° Amtsschimmel

rassiges Zugpferd der Verwaltungsbürokratie

Wer den Amtsschimmel reitet oder füttert, der entfesselt lieber eine wahre Paragrafenflut, als sich gesunden Menschenverstand zu leisten. Und wo der Amtsschimmel wiehert oder trabt, da treibt die Bürokratie ihre buntesten Blüten. Aus welchem sprachlichen Stall aber der Amtsschimmel stammt, da sind sich die Experten absolut uneins. Lange galt, dies habe nichts mit dem Tier, sondern mit dem Pilzbefall alter Aktenstapel zu tun, dann setzte man doch wieder aufs Pferd und brachte es mit reitenden Amtsboten in Verbindung. Derzeit aber hält man die Ableitung von „simile", der alten österreichischen Bezeichnung für vorgedruckte Musterschreiben von Kanzleien als wahrscheinlich. Sollte aber letztlich doch der Vierbeiner das Rennen machen, sei darauf hingewiesen, dass die seit dem 9. Jahrhundert bekannte Bezeichnung fürs weiße Pferd, im Althochdeutschen „skimbal", auch nichts anderes bedeutet als „Pferd, das wie Schimmel aussieht".

Anstandswauwau

jemand, der darauf achtet, dass frisch Verliebte sich nicht zu nahekommen

Zunächst einmal stammt der Wauwau natürlich aus der Baby- oder Ammensprache, in der die Verdopplung oder die leichte Variation von Lautnachahmungen häufig ist, etwa bei Ticktack, Pengpeng oder Killekille. Der Anstandswauwau wird allerdings nur von den großen Kindern benötigt, auch wenn die sicherlich anderer Meinung sind. Gemeint ist nämlich die Anstandsdame, auf Englisch „chaperon", die unverheiratete Frauen begleitet und wie ein Schießhund aufpasst, dass diese sich besonders im Kontakt mit Männern nach Ordnung und Sitte verhalten. Die Chaperon allerdings macht im Englischen nicht den Wachhund, sondern die Stachelbeere (to play gooseberry), was heute auch gebraucht wird, wenn jemand bei einer romantischen Begegnung „das dritte Rad am Wagen" ist.

Backfisch

junges Mädchen im noch nicht heiratsfähigen Alter

Bekannt seit dem 16. Jahrhundert war dies zunächst ein Spottname für „frischgebackene" Studenten, später eine Bezeichnung für weibliche Teenager. Die Herkunft ist etwas umstritten: Das gleichnamige Wort aus dem Fischfang bezeichnet sehr junge – eben noch nicht reife – Fische, die der Fischer wieder ins Wasser zurück, im Englischen „back", oder über die übliche linke Seite des Netzeinholens, also Backbord, wirft. Möglich ist aber auch eine Verballhornung mit dem französischen „bachelette", das ebenfalls junges Mädchen bedeutet.

Dachhase

missbrauchte Katze; missliebiger Schwarzarbeiter

Wer in früheren Zeiten, ohne Mitglied einer Zunft zu sein, als Handwerker arbeitete, musste bei Kontrollen mitunter über das Dach und schnell wie ein Hase fliehen. Da Zünften meist nicht angehörte, wer nicht ausgebildet oder aus ihnen verstoßen war, sprach solche Flucht nicht unbedingt für die Qualität der Arbeit. Ein Dach- oder Bönhase, wobei Bön für Dachboden steht, war also alles andere als Meister seines Fachs. Der andere Dachhase ist eine scherzhafte Bezeichnung für Katze, wobei die Katze dies wohl weniger lustig findet. Denn dies bezieht sich darauf, dass in früheren Notzeiten wohl so manche Katze als falscher Hase im Kochtopf landete und so mancher Käufer auf dem Markt die Katze im Sack für einen Hasen hielt.

eierlegende Wollmilchsau

etwas eigentlich Unmögliches, das eine Vielzahl unterschiedlichster Aufgaben auf einmal bewältigt

Die Sau war ursprünglich ein Schwein. Ihren ersten Auftritt soll sie 1959 in einem Bändchen zu Ehren Ludwig Renns gehabt haben, nämlich dem Gedicht „Der Kampf um das eierlegende Wollschwein". Allerdings endet dort das Projekt, eine Merinowolle und Eier liefernde Universal-Agrarwaffe zu kreieren, eher unrühmlich: „... und er schuf ein Huhn, das mähte, und ein Schwein, das morgens krähte, doch die Eier waren braun, schlecht zu riechen und zu schaun." Apropos Waffe: Aufgrund des durchschlagenden Erfolgs in der Agrarwirtschaft begann dann das Militär, sich für die Zukunftstechnologie zu interessieren. So tauchte das Wollschwein ab 1968 unversehens im Bundeswehrjargon wieder auf, bevor es erst dann, als hübsche Umschreibung für Mehrzweck-Kampfflugzeuge, tatsächlich zur Sau gemacht wurde.

Gummiadler

(zähes) Brathähnchen

Weder Gummi noch Adler, sondern schlicht das, was man bekommt, wenn man nach Stunden als Erster in einem mittelprächtig laufenden Imbiss bestellt.

Fleischwolf

Gerät zur Zerkleinerung von Fleisch; brachiale Verhörmethode

Beides hat natürlich wenig mit dem Tier zu tun. Der Wolf musste nur dafür herhalten, weil man der Ansicht war, dem Fleisch gehe es in der Maschine wie in einem schlingenden Wolfsrachen. Fachsprachlich gibt es sogar ein Verb dazu, das „wolfen". Sein Erfinder ist der Freiherr von Drais, dessen weniger blutrünstige Schöpfung das Laufrad, die Draisine war. Als Verhörmethode bedeutet „jemanden durch den Fleischwolf drehen", ihn so lange und so massiv unter Druck zu setzen, ihn zu verhackstücken, bis er klein beigibt.

Friedenstaube

das Friedenssymbol schlechthin

Die Taube ist nicht nur zum Turteln gut. Mit einem Ölzweig, also einem Olivenzweig, ausgestattet, signalisierte sie Noah, dass Gottes Zorn verraucht und nicht mehr flächendeckend Land unter sei. Die Taube galt in Antike und Mittelalter als besonders rein, sanftmütig und friedlich und wurde gern dem großen Räuber der Lüfte, ihrem Fressfeind dem Falken gegenübergestellt, damals noch als Vergleich von klerikalem Sanftmut und ritterlichem Haudrauf. Daran hat sich bis heute nichts geändert, denn in den USA werden die gemäßigteren und auf Konsens bedachten hohen Politiker immer noch als Tauben bezeichnet, während die Falken nach wie vor die sind, die lieber zuschlagen und sich auf alles stürzen, was nach Öl aussieht, und sei es ein Ölzweig.

innerer Schweinehund

schlechter Charakter, persönliche Schwäche

Zunächst einmal gibt es den Schweinehund tatsächlich, also das Tier, denn damit ist der zur Wildschweinjagd eingesetzte Sauhund oder Saupacker gemeint. Da diese, zu ihnen zählt etwa die Deutsche Dogge, nachvollziehbarerweise keine zimperlichen Schoßtierchen sein durften, ist ihre Übertragung auf den brutalen Charakter eines Menschen schon in der Studentensprache des 19. Jahrhunderts nachgewiesen. Der innere Schweinehund soll nun verdeutlichen, dass man außen ansehnlich und innen verdorben, weichlich, feige und gemein sein kann, dies aber, wenn es darauf ankäme, überwinden könne. Das Bild hinkt zwar tüchtig, war aber dennoch recht erfolgreich. Vermutlich schon seit dem Ersten Weltkrieg benutzten es Militärs wie General von Schleicher, um die Soldatenschaft dazu zu bewegen, diese lästigen inneren Widerstände aufzugeben und sich doch freudiger erschießen zu lassen. Dann warnte SPD-Mann Schumacher vor den Nazis, die mittels restloser „Mobilisierung der menschlichen Dummheit" an den inneren Schweinehund appellierten. Dies ließ sich ein solcher namens Göring nicht zweimal sagen und bediente sich ebenfalls fleißig dieser Wendung.

Klammeraffe

Neuweltaffe; Sonderzeichen in E-Mail-Adressen

Er ist zum einen eine amerikanische Affengattung samt besonders langem Greifschwanz. Zum anderen dient sein Name aber als bildhafte Beschreibung des E-Mail-Zeichens @ (at). Doch nicht überall firmiert das @ als Baumbewohner: Für die Russen kringelt sich das Hündchen „sobačka", für die Ungarn der Wurm „kukac", während die Griechen eine kleine Ente (papaki) und die Italiener eine „chiocciola" (Schnecke) erkennen. Im Norden reicht es meist nicht fürs ganze Tier: Der Isländer sieht „fílseyra", ein Elefantenohr, die Dänen und Schweden einen Rüssel (snabel-a) und der Finne „kissanhäntä", den Katzenschwanz.

Landratte

Bezeichnung von Seeleuten für Landleute

„ ... there be land-rats, and water-rats, water-thieves, and land-thieves, (I mean pirats)" – so schrieb Shakespeare im "Kaufmann von Venedig" und hat zwar die Landratte nicht erfunden, aber vermutlich zu ihrer Verbreitung in deutschen Landen beigetragen. Weil es in England im 16. Jahrhundert schon vorkam, dass man Menschen verächtlich als Ratten bezeichnete, war diese Formulierung für ihn auch keineswegs gewagt. Die unveränderte Übertragung in den deutschen Übersetzungen dürfte allerdings das ihrige getan haben. Aus den seeräuberischen Wasserratten wurde jedoch im deutschen Sprachgebrauch derjenige, der ins Nass vernarrt ist, ebenso leidenschaftlich wie die später entstandene Leseratte.

Osterhase

nicht ungefährlich

Die erste schriftliche Erwähnung des Osterhasen ist eine Warnung vor der immensen Gefahr, die von seinen Ostereiern ausgeht. In der Dissertation „De Ovis Paschalibus. Von Oster-Eyern" eines Johannes Richier von 1682 findet sich der eindringliche Hinweis, dass ihr übermäßiger Verzehr oder das Verschlucken eines ganzen Eies schon zu Todesfällen geführt habe. Dass der Osterhase wirklich kein harmloses Häschen ist, wird daran ersichtlich, dass er heutzutage fast seine gesamte tierische Konkurrenz beseitigt hat: Noch vor gut hundert Jahren kannte man in vielen Regionen Deutschlands Osterhähne und -hennen, Osterfüchse, Osterkraniche und Osterstörche als Lieferanten der Eier, die sich nach der Fastenzeit angehäuft hatten und nun verzehrt werden durften. Warum man dafür einen Boten brauchte und warum ausgerechnet den Hasen, ist sehr umstritten. Deutungen reichen vom Versuch protestantischer Eltern, das katholische Fasten nicht erklären zu müssen, über eine Verwechslung mit dem christlichen Osterlamm und die antike Bedeutung als Fruchtbarkeitssymbol bis hin zu einer „Verschwörung" der Schokoladenindustrie. Unbestritten ist aber, dass so mancher ohne ihn auskommt: In Italien ist er bis auf Südtirol unbekannt und Australien macht ihm der heimische Oster-Nasenbeutler streitig.

Mondkalb

armes Kälbchen; einfältiger Mensch

Da man für Missbildungen bei Neugeborenem früher den Mond für verantwortlich hielt, nannte man fehlgebildete Kälber folglich Mondkalb. Je nach Behinderung werden diese ein desorientiertes und eher phlegmatisches Verhalten an den Tag gelegt haben, was dann zur Übertragung auf menschliche Einfalt geführt haben dürfte: Der guckt wie ein Mondkalb.

Papiertiger

jemand, der nur scheinbar bedeutend oder gefährlich ist

Der Papiertiger ist ein Erfindung Mao Tse-Tungs, unter dem er seit 1946 je nach Bedarf die Atombombe, die USA, den Imperialismus oder auch mal die

Russen verstand. Der Papiertiger hat allerdings einen engen älteren Verwandten, den Gummilöwen. Dies war schon in den zwanziger Jahren der Spitzname von Hitlers „Vorkriegsminister" Werner von Blomberg, weil dieser als vollkommen rückgratlos galt. Als Hitler ihn loswerden wollte, ließ man den fast Sechzigjährigen über seine Ehe mit einer 37 Jahre jüngeren Ex-Prostituierten stolpern. Der Gummilöwe war also gleichzeitig ein Lustmolch.

Pechvogel

ein besonders vom Unglück verfolgter Mensch

Das Wort rührt von der Jagd auf Vögel, der Vogelstellerei her: Ein Ast, die sogenannte Leimrute, wurde entweder mit einem Leim z. B. aus Mistelbeeren oder mit Pech bestrichen und der arglose Vogel, der sich daraufsetzte, war dem Vogelsteller also buchstäblich auf den Leim gegangen, hatte Pech und war gefangen. Oft wurden die so erbeuteten Tiere dann als Lockvogel benutzt, um weitere anzulocken. Die Übertragung auf einen vom Pech verfolgten Menschen ist bereits aus dem 15. Jahrhundert bekannt.

Salonlöwe

das umschwärmte männliche Zentrum einer meist vornehmen Gesellschaft

Der Salonlöwe beweist vor allem, dass es in der höheren Gesellschaft einmal angesagt war, in allem Paris nachzueifern und Französisch zu sprechen, und dass es damit aber auch ziemlich schnell wieder vorbei war. Der Herzensbrecher, Dandy und Alleinunterhalter der Salons vor allem des 18. Jahrhunderts, also jener meist von einer gebildeten Dame, der Salonnière ins Leben gerufenen festen Zusammenkünfte von Herrschaften und ihren künstlerischen und gelehrten Hofnarren, wurde in recht einfältigem Französisch als „le beau", als der Schöne bezeichnet. Als dann selbst diese Erstklässler-Kenntnisse der Sprache ab-
handenkamen, klang der immer noch salonierenden Elite das „le" irgendwie wie „lö". Und da man mit dem „beau" nun gar nichts mehr anfangen konnte, wurde daraus ein „we". So mutierte der einstmalige Beau schnurstracks zur Raubkatze und der „Löwe der Salons" war geboren.

Schnapsdrossel

jemand, der gerade oder gewohnheitsmäßig zu viel Alkohol trinkt

Nicht der Vogel, sondern das ursprüngliche Wort für Kehle, das noch in „erdrosseln" oder in „König Drosselbart" erhalten geblieben ist, ist hier an der Zecherei beteiligt. Der Schluckspecht ist allerdings tatsächlich ein Vogel, denn der Dreizehenspecht hackt gerne Löcher in Baumrinden, um das austretende Harz zu schlucken.

Spanische Fliege

weder Fliege noch Mittel der Wahl

Im engeren Sinne ist diese Fliege ein Käfer des Mittelmeerraums und im weiteren ein potenzsteigerndes Reizgift aus den zerstoßenen Tieren, das seit Jahrhunderten, etwa auch von Casanova und dem Marquis de Sade, zur Stärkung der Manneskraft eingesetzt wird. Aber schon Hippokrates empfahl es gegen Beingeschwüre und auch Goethe erhielt noch Pflaster mit Meerrettich und Spanischer Fliege zum Kamillentee. In höherer Dosierung ist sie nach heutigen Erkenntnissen zwar als Aphrodisiakum weniger empfehlenswert, dafür aber ein hervorragendes Mittel zum heimlichen Meuchel- oder unfreiwilligen Selbstmord.

Pleitegeier

jemand, der Bankrott gemacht hat oder dem der finanzielle Ruin bevorsteht

An dieser Pleite ist der Geier gänzlich unschuldig, denn gemeint ist eigentlich ein „Pleite-Geher", also jemand, der pleitegeht. Das Wort Pleite stammt vom hebräischen „peleta" und ist im Sinne von Bankrott über das jiddische „plajte gajen" und das Rotwelsche in unserer Umgangssprache gelandet. Die Bezeichnung des deutschen Wappen-Adlers als Pleitegeier kam übrigens bereits zu Beginn der Weimarer Republik auf und bezog sich zunächst auf eine eher mitleiderregende Darstellung, den die rundliche Variante des Bundesadlers, seit 1953 liebevoll „fette Henne" genannt, ablöste. Inzwischen dürfte die Wiederansiedelung aber als erfolgreich und der Pleitegeier wieder als bundesweit heimisch gelten.

Schweinigel

Gegenstück zum Hundsigel; unreinlicher Mensch

„Denn es gibt eben keine Schwein-Igel (...), sondern was man dafür nahm, waren Weibchen oder Junge", schreibt Jean Paul 1804 und liegt zwar ziemlich, aber nicht ganz richtig. Denn früher glaubte man, dass zwei verschiedene Igelarten existieren, die sich in der Form der Stirn und der Schnauze unterscheiden und jeweils Ähnlichkeit zu Hund oder Schwein aufweisen. Tatsächlich aber kann ein und derselbe Igel, ganz unabhängig von Geschlecht und Alter, je nachdem, ob er seine Stirnstacheln aufstellt oder gerade nach Witterung schnuppert, innerhalb von Sekunden vom Hunds- zum Schweinigel mutieren. Schon in der „Oeconomischen Encyclopädie" (1773 – 1858) wird darauf hingewiesen, dass damit aber auch, und vermutlich nur wegen des Schweins, jemand bezeichnet werden kann, der's mit der Sauberkeit nicht so genau nimmt.

Steinlaus

unglaublich gefährlich

Bis sie 1976 von Bernhard Victor Christoph-Carl von Bülow entdeckt wurde, ahnte man nichts von ihrer Existenz, heute wird sie für einen Großteil der vermeintlichen Verwitterungsschäden an altehrwürdigen Bauwerken verantwortlich gemacht. Man nimmt an, dass die Wendung „Zahn der Zeit" ursprünglich eine Umschreibung des Tabuwortes „stainalus" darstellte, bevor dieses alte Wissen ebendiesem zum Opfer fiel. Obwohl das renommierte medizinische Wörterbuch Pschyrembel bereits seit 1982 die „Petrophaga lorioti" verzeichnet, die als Unterart der Steinfresser auch in der „Enzyklopädie Medizingeschichte" von 2005 firmiert, hielten sich hartnäckig Gerüchte, das scheue Tier existiere womöglich gar nicht, bis das Institut für Geotechnik der TU Dresden im Jahr 2007 wegweisende Studien veröffentlichte. Inzwischen wird die Dramatik des fortschreitenden Steinlausbefalls nicht mehr verkannt und so hat die Umwelt- und Gesundheitsbehörde im besonders betroffenen Zürich ein Merkblatt zum Umgang mit Steinlausproblemen herausgegeben. Sichtungen in freier Wildbahn bleiben dennoch die Ausnahme und wer die unscheinbaren Krabbler bei ihrem zerstörerischen Treiben beobachten will, kann dies in Deutschland bislang nur im hochgesicherten Steinlaus-Gehege des Dortmunder Zoos tun.

Unglücksrabe

jemand, der ständig vom Pech verfolgt ist

Es heißt, dass vor dem Siegeszug des Christentums die Rabenvögel ein recht ordentliches Image hatten, als Begleiter der Götter, sei es Odin, Apoll oder Kali, ebenso wie als Orakelvögel etwa im alten Rom, deren Flug die Zukunft und speziell den Ausgang einer Schlacht voraussagte. Doch ganz so weiß war die Rabenweste selbstverständlich nie. Den Juden galt er als nicht koscher. Und sein ausgeprägtes Faible für leichenübersäte Schlachtfelder hat ihm in der alten Dichtung Islands Namen wie Falke des Schwerttaus (also des Blutes), Hassmöwe, Wundenmöwe oder Hexenross eingetragen. Das klingt nicht unbedingt nach Kuschelzoo. Und schließlich hat die Eigenart, als Galgenvogel an der Richtstätte zu warten, bis das verbrecherische Rabenaas verzehrfertig war, es wohl auch kaum erschwert, den ehemaligen Götterboten anzuschwärzen. So galt im Volksglauben bald jeder Rabenmucks als Zeichen des Unheils. Sah man einen in der Nähe, sah man viele vorbeifliegen, hörte man einen, hörte man viele: Unglück und Verderben. So lag es für Wilhelm Busch wohl nahe, den so tief Gefallenen selbst als Pechvogel zu sehen, und 1867 erschien dann der Klassiker „Hans Huckebein, der Unglücksrabe".

Zeitungsente

eine falsche Pressenachricht

Wieder ein Beispiel dafür, wie viele unterschiedliche Herleitungen ein Begriff mitunter aushalten muss: Die Zeitungsente könnte im 19. Jahrhundert aus dem französischen „donner des canards" (Enten geben) im Sinne von Lügen oder über „vendre des canards à moitié" (halbe Enten als ganze verkaufen) nach Deutschland gelangt sein. Die Brüder Grimm wiederum führen den Ausdruck auf Luther zurück, der beklagte, dass anstatt des Evangeliums immer noch von Falschem, nämlich von „blauen Enten" gepredigt werde. Schließlich gibt es noch die Abkürzung „n. t.". Diese steht schon seit dem 17. Jahrhundert für das lateinische „non testatum", also „nicht bestätigt", unter unsicheren Zeitungsmeldungen.

° Zimtzicke

eine Frau, die sich ständig und über jede Kleinigkeit aufregt

Mit der Zicke ist tatsächlich das Tier gemeint, das ja auch in alte Ziege und ähnlichen Titulierungen wegen seines Meckerns eine wenig schmeichelhafte Bezeichnung für Frauen ist. Das „Zimt" allerdings stammt vom gleichlautenden rotwelschen Wort, das eigentlich Gold oder Geld bedeutete. Seit dem 19. Jahrhundert wurde dies mundartlich in sein Gegenteil verkehrt und meinte dann wertloses Zeug, Plunder. Dies findet sich auch noch in der Redensart „Was kostet der ganze Zimt?", so dass die Zimtzicke also eine Frau ist, die wegen jedes Zimts, jeder Nichtigkeit rumzickt.

3

SÜNDENBÖCKE

Tiere, die nichts dafür können

Auf den ersten Blick ist der biblische Sündenbock nicht einmal am schlechtesten dran. Denn in Levitikus gibt es zwei Böcke, von denen nur einer für anderer Leute Sünden in die Wüste geschickt wird, während man den zweiten sofort massakriert. Hier nun eine kleine Auswahl sprachlicher Tierquälereien: Tiere, die im Unterschied zum vorigen Kapitel zwar in der Natur vorkommen, die aber mit den ihnen redensartlich untergejubelten Eigenschaften nun wirklich nichts zu tun haben.

Blindschleiche

jemand, der ausgesprochen schlecht sieht; beinlose Echse

Bei diesem seit dem 12. Jahrhundert bekannten Wort stimmt aber auch gar nichts: Weder ist diese Eidechse blind, noch bezieht sich ihr Name aufs Schleichen. Weil sie ihre Augen mit Lidern schützen kann, glaubte man früher, sie sei nicht sehfähig. Eine andere Herleitung besagt, dass das „blind" vom althochdeutschen Wort für „blenden" kommt und sich auf die metallisch blitzenden Schuppen bezieht. Das „Schleiche" ist wiederum eine Abwandlung von Schlange/Wurm, was ergo ebenfalls falsch ist. Ein grundmissverstandenes Tier also, aber immerhin kann es die Augen davor verschließen.

Brillenschlange

derb für Brillenträgerin; üblich für Kobra

Während der ziemlich frauenfeindliche Spottname wohl schlicht von der als unattraktiv geltenden Brille zur dazugehörigen Schlange kam, trägt das Tier seinen Namen aufgrund der brillenartigen Zeichnung auf der Rückseite des Halsschildes, den die beweglichen Halsrippen nur im Fall der Erregung aufspannen. Ganz im Unterschied zum behäbigen Brillenbären übrigens, der eher selten aufgeregt wirkt und seine brillenförmige Fellzeichnung immer um die Augen trägt, dabei aber als ausgesprochen kurzsichtig gilt.

Fuchs

Wildhund; Neuling in Burschenschaften und ähnlichen Verbindungen

Ob diese Bezeichnung, die seit dem 15. Jahrhundert zunächst für alle Studienanfänger und später für Mitglieder einer Studentenverbindung in Probezeit bekannt ist, mit dem ja eigentlich als clever geltenden Tier zu tun hat, ist sehr umstritten. So soll die Schreibvariante Fux auf „Feix" wie in feixen und damit ursprünglich auf „Feist" (Furz) hindeuten. Andere Herleitungen beziehen sich auf „Fex" (Narr) und das lateinische „faex" (Bodensatz, Hefe, Kot). Letztere kann – sieht man die Erstsemester etwa als Bodensatz der studentischen Hierarchie – als wahrscheinlichste gelten, zumal auch der heimische Rotfuchs Anspruch auf einen gewissen „sprachlichen Tierschutz" hat.

Kuckuck

Vogel; Pfandsiegel des Gerichtsvollziehers

Der Name ist eigentlich eine sehr nachvollziehbare Lautnachahmung seines Rufes, die sich etwa auch im lateinischen „cuculus" wiederfindet. Dass der Volksglaube, das gehörte „Kuckuck" bringe Wohlstand, sofern man noch einen Cent in der Tasche habe, immer mehr in Vergessenheit gerät, mag an den leeren Taschen liegen. Ebenso wie der Umstand, dass viele Deutsche ihn heute eher in der Form des Pfändungssiegels eines Gerichtsvollziehers kennen. Dies rührt spöttisch von der früheren Abbildung des Reichs- bzw. Bundesadlers auf dem Pfandsiegel her, die dort heutzutage allerdings nicht mehr vertreten sind. Da der Kuckuck weithin das bekannteste Tier ist, das seine Eier anderen unterjubelt und selbst nicht brütet, steht er namentlich auch Pate für eine ganze Reihe weniger bekannter Brutparasiten wie Kuckuckshummel, Kuckucksente oder Kuckuckswels.

Lemming

vermeintlich selbstmörderische, wandernde Wühlmaus

Wer kennt sie nicht, die Bilder von den kleinen Nagern, die sich in lebensmüden Massen von Klippen in den Tod stürzen. Nur dass für diese sprichwörtliche Todessehnsucht die mit Besen bewehrte Filmcrew des Tierfilm-Klassikers „White Wilderness" von 1958 verantwortlich war, die von hinten kräftig geschubst hat. Tatsächlich treten bei den nordischen Wühlmäusen große Populationsschwankungen auf, die zumindest in Lappland ungefähr alle 35 Jahre zu Massenwanderungen führen. Da diese Berglemminge instinktiv immer geradeaus laufen, weil sie ansonsten ja wieder am übervölkerten Ausgangspunkt landen könnten, kostet dies natürlich das ein oder andere Mäuseleben. Nur mit willentlichem Selbstmord hat dies nichts zu tun, sondern im Falle von „White Wilderness" mit einem ganz besonderen Verständnis von Tierfilmerei.

Ohrwurm

unerhört verrufenes Insekt; besonders eingängiges Musikstück

Schon „anhand" der sechs Beine dürfte klar sein, dass der Ohrwurm oder Ohrenkneifer kein Wurm ist. Das Ohr in seinem lateinischen Namen „Forficula auricularis" rührt daher, dass in der Antike ein Pulver aus den zerstoßenen Tierchen als Mittel gegen Ohrenerkrankungen galt. Weil dies aber in Vergessenheit geriet, entstand daraus der Aberglaube, die engen Verwandten der Kakerlake würden des Nachts in Ohren kriechen und sich dort häuslich einrichten, inklusive aller möglichen Schandtaten wie Durchkneifen des Trommelfells oder Einnisten im Gehirn. Mitunter wurde daraus gar ein Dämon, dessen Geplauder dann Ohrensausen und Ähnliches verursachte – wogegen man so wunderliche Therapien entwickelte, wie sich einen Bratapfel ans Ohr zu halten, der für die Ohrwürmer einfach unwiderstehlich sei. Kurioserweise gab es aber ebenfalls eine Version, in der der gutgesinnte Dämon fürs Hören zuständig war und sein Verlust zur Taubheit geführt hätte. Dass der Ohrwurm aber auch eine eingängige Melodie bezeichnen kann, die man nicht mehr aus dem Kopf bekommt, ist eine Erfindung des späten 19. oder frühen 20. Jahrhunderts, womöglich gar des Komponisten Franz Lehár.

Rabeneltern

Eltern, die ihre Kinder vernachlässigen; Raben, die das nicht tun

Die Annahme, Raben seien besonders schlechte Eltern, wird auf der Beobachtung gründen, dass ab und zu noch nicht flugfähige Rabenjunge scheinbar verlassen auf dem Boden kauern. Doch das Gegenteil ist der Fall: Die Altraben sind nie weit entfernt, füttern weiter und sind auch bereit, ihr Junges im Notfall gegen aufdringliche Menschen zu schützen. Die Kleinen sollen eben nur fliegen lernen. Die mit ziemlicher Regelmäßigkeit auftauchenden Berichte über fürchterliche Rabenattacken, kürzlich auch in der New Yorker Wall Street, haben meist keinen anderen Grund, manchmal gelten sie auch dem Schutz verletzter Artgenossen. Raben sind also hochsoziale und äußerst clevere Tiere. Dass man seit dem 16. Jahrhundert trotzdem von Rabenmutter und Rabenvater spricht, hat sicherlich auch der sonst gänzlich unschuldige Hiob verbrochen. „Wer bereitet dem Raben die Speise, wenn seine Jungen zu Gott rufen und fliegen irre, weil sie nicht zu essen haben?", heißt es in der Bibel. Die haben damals eben auch nicht so genau hingeguckt.

Siebenschläfer

eine Schlafmaus; sieben Schläfer

Das Tier mit dem lustigen wissenschaftlichen Namen „Glis glis" aus der Familie der Bilche oder Schlafmäuse scheint große Verehrung zu genießen: Es gibt mehrere Siebenschläfer-Kapellen, einen Siebenschläfertag am 27. Juni und die Redensart, jemand schlafe wie ein Siebenschläfer. Doch besondere Aufmerksamkeit für das Tier gab es wohl nur bei den alten Römern, die laut Plinius glaubten, der Nager würde sich im Winterschlaf immer wieder verjüngen. Derart beeindruckt erklärten sie seine Mast zum Volkssport und ihn zur Leibspeise. Die tatsächlich Verehrten sind hingegen die sieben Schläfer der

Legende von den Jünglingen, die sich vor der Christenverfolgung in eine Höhle flüchteten, dort gut zweihundert Jahre schliefen und erst wieder aufwachten, als die Christen den Spieß schon umgedreht hatten. Die Bauernregel, dass „wie das Wetter am Siebenschläfertag, es weitere sieben Wochen bleiben mag", hat übrigens nach derzeitigen Erkenntnissen immerhin eine Trefferquote von 60 bis 70 Prozent. Wobei das Datum allerdings Unsinn ist, denn seit der gregorianischen Kalenderreform 1582 müsste der Siebenschläfer am 7. Juli gefeiert werden.

Sumpfhuhn

kleine Ralle; verwahrloster Mensch; Säufer

Das Sumpfhuhn hat noch nie gesumpft. Das Sumpfen kam bei den Studenten Mitte des 19. Jahrhunderts in Mode, über „Sumpf" und „versumpfen" als Umschreibung für Trinkgelage. Ende des Jahrhunderts kombiniert man dann diese Vorstellung mit dem Zugvogel, zumal dieser noch recht häufig war, während er inzwischen vom Aussterben bedroht ist. Da nun das Huhn auch die Henne bezeichnet, diente das Sumpfhuhn dann vorübergehend zur Titulierung unmoralischer Frauen, während es heute wieder vorrangig jemanden bezeichnet, der ordentlich einen über den Durst getrunken hat.

Vielfraß

Bärenmarder; Nimmersatt

Selbst Brehms Tierleben berichtet noch von der unglaublichen Gefräßigkeit des größten Marders und erzählt wahre Schauergeschichten. Doch obwohl der Vielfraß sogar Elche erlegt, hat er wenig mit seinem genusssüchtigen menschlichen Pendant gemein. Sein Name beruht allein auf der falschen Übersetzung des altnordischen „Fjellfräs", was so viel bedeutet wie „Felsenkatze".

Wanze

Insekt; Abhörgerät; Widerling

Wanzen, deren Name vom althochdeutschen „wandlus" kommt, also Wandlaus bedeutet, sind im Volksmund nicht sonderlich beliebt. Dies mag an den piesackenden Bettwanzen oder auch den Stinkwanzen liegen, so dass Wanze als Schimpfwort eine widerliche, oft unterwürfig heuchelnde Person bezeichnet. Weder zu diesen sehr menschlichen Eigenschaften noch zur Namenspatenschaft für Abhörgeräte kann die Wanze natürlich etwas. Letztere ist eine Entlehnung aus dem englischen „bug", das viele weitere Bedeutungen hat, und so könnten die Lauschmittel heute ebenso gut Laus oder Käfer heißen.

Wendehals

kleiner Specht; Opportunist

Nicht einmal das Kopfwenden kann der Europäische Wendehals besonders gut – und außerdem zeigt er es nur in Bedrohungssituationen. Warum also gerade er und nicht etwa eine Eule als Namensgeber für jemanden herhalten muss, der sich politischen Änderungen schnell und ohne moralische Skrupel anpasst, ist völlig unklar, zumal diese Zuordnung auch bereits vor der „Wende" existierte. Vielleicht ist dies aber Grund dafür, dass er sich alljährlich nach Afrika absetzt.

Wetterfrosch

Meteorologe; kein Prophet, sondern hungrig

Dass ein Laubfrosch auf einer Leiter im Einmachglas das Wetter vorhersagen können soll, ist schlicht Unsinn. Allerdings kann seine empfindliche Haut in der freien Natur durchaus feine Temperatur- und Feuchtigkeitsschwankungen registrieren und da Insekten sich bei gutem Wetter seltener am Boden aufhalten, sucht der Laubfrosch sich bereits frühzeitig einen höheren Jagdplatz. Nur: Im Einmachglas funktioniert das nicht, und so ist diese scherzhafte Bezeichnung auch kein wirkliches Kompliment für Meteorologen.

Windhund

nicht so schnell wie der Wind; ein unehrlicher Mensch

Der Windhund verdankt seinen Namen nicht der Tatsache, dass er ein so ausgesprochen schneller Läufer ist, sondern seiner slawischen Herkunft. Denn das Wort Wind bezeichnet hier das Volk der Wenden. Gleiches gilt übrigens für die allgemeinere Bezeichnung Windspiel. Die Übertragung auf einen unseriösen Menschen stellt deswegen aber keine Beleidigung der Slawen dar, sondern hat wohl unter Bezug auf das Adjektiv „windig" stattgefunden.

4

FALSCHE HASEN

Animalische Missverständnisse

Der „falsche Hase“ ist heutzutage bekanntermaßen ein Hackbraten. Früher sollen schlitzohrige Gastwirte so manchem Gast statt des bestellten Langohrs einen Dachhasen, also eine Katze serviert haben. Goethes Gedicht „Katzenpastete“ macht daraus ein Versehen: Ein Koch versucht sich als Jäger, erlegt mangels zoologischer Kenntnisse aber einen Kater und serviert ihn als Hasen. Hier finden Sie nun deutsche Wörter und Wendungen, deren Herleitung Ihnen bislang bestimmt anders aufgetischt wurde.

abluchsen

jemandem etwas listig abschwatzen oder stehlen

Das Abluchsen kam als Wort erst im 18. Jahrhundert in Mode, als Tätigkeit sicherlich schon früher. Unsere größte Wildkatze ist dafür aber nicht verantwortlich, sondern eine niederdeutsche Steigerung von „luken“, das ziehen und zupfen bedeutet. Es geht also darum, jemandem möglichst heimlich etwas Begehrtes sozusagen unterm Hintern wegzuziehen oder zu zupfen.

° Affenschande

eine sehr große Schande, eine bedauernswerte Situation

An dieser Schande ist wahrscheinlich überhaupt kein Affe beteiligt. Die ursprünglich niederdeutsche „Apenschanne" soll vielmehr aus der „apenbaren", also der offenbaren Schande entstanden sein – weil sich ja bekanntermaßen so mancher erst dann schändlich fühlt, wenn seine Missetaten auffliegen.

° belämmert

verlegen, betreten, dümmlich sein (als Mensch); verfahren oder unglücklich (als Situation)

Man kann zwar kaum behaupten, dass der Blick junger Schafe als Sinnbild kalter, analytischer Intelligenz Karriere machen könnte – dass „belämmert" aber heute mit dem Lamm in Verbindung gebracht wird, ist das raffinierte Produkt unserer Rechtschreibreformer. Denn früher schrieb man „belemmert" mit E, da das Wort vom niederdeutschen „belemmeren" für „jemanden lähmen, behindern, in Verlegenheit bringen" stammt. Verlegenheit muss dann auch unsere sprachmächtigen Reformer zu der Überlegung getrieben haben, dass ja ohnehin heutzutage jeder ein Lamm im Kopf habe, wenn jemand belämmert dreinblickt. So darf man nun, wenn eine Sache ziemlich belämmert aussieht, offiziell an kleine weiße Lämmer auf grünen Weiden denken, anstatt sich mit der Wahrheit zu belemmern.

° berappen

etwas (trotz Geldnot) bezahlen

Das Wort taucht im 19. Jahrhundert über die Studentensprache in der Alltagssprache auf und sicher ist nur eines: Der Begriff hat nichts mit dem schwarzen Pferd zu tun. Ein inzwischen eher unpopulärer Kandidat der Herleitung sind mittelalterliche Münzen, deren eingeprägter Adler spöttisch als Rabe bezeichnet wurde, wobei „Rappe" tatsächlich ursprünglich Rabe bedeutete und der Rappe ja heute zur Schweizer Währung zählt. Dagegen steht, dass ein Name noch kein Verb macht und es schließlich auch kein „begroschen" oder „betalern" gibt. Zudem ist das Wort gerade in der Schweiz weitestgehend unbekannt und reiflich jung für den mittelalterlichen Bezug. Bessere Chancen haben da Ursprünge im Rotwelschen und Jiddischen oder Hebräischen. So würde es über das rotwelsche „berebbeln" vom jiddischen „Rebbes" für Zins oder Ertrag herrühren. Oder aber das hebräische „jerappé" mit der Bedeutung „die Heilungskosten (für jemanden, den man verletzt hat) bezahlen" wäre der Grund fürs Berappen der letzten paar Kröten.

Blindekuh (spielen)

unbeholfen und wie blind umhertappen

Dass das namensgebende Spiel, bei dem jemand mit verbundenen Augen seine Mitspieler suchen muss, hierzulande schon seit dem Spätmittelalter mit der Kuh verbunden ist, hat vielleicht mit dafür benutzten Tiermasken ohne Gucklöcher zu tun, ist aber dennoch ziemlich willkürlich. Südlich von uns tappten schon immer Mäuse, Hühner und Fliegen im Dunkeln, während weiter nördlich meist Ziegen suchen mussten. So wird vermutet, dass die Bezeichnung lediglich eine Fehlverdeutschung des französischen Spiels „le coup d'aveugle" ist, dass also der „coup" im „Schlag eines Blinden" fälschlich zur „Kuh" wurde. Ein Spiel für Kinder ist dies im Übrigen erst neuerdings, in früheren Jahrhunderten irrte vornehmlich die erwachsene höhere Gesellschaft blind umher.

Bückling

dufter Hering, kein Buckler

Der Name für den Räucherfisch hat nichts mit Bücken oder Buckeln, dafür aber etwas mit Böcken zu tun. Im Niederländischen heißt er auch heute noch „boksharing", was auf seine ausgeprägte Duftnote hinweist, ähnlich intensiv wie der Geruch des Bockes.

Bulle

Rindvieh; kluger Polizist

Für die Entstehung gibt es zwei Deutungen, beide haben nichts mit dem lieben Vieh zu tun: So soll sich Bulle ebenso wie Polente als Verballhornung aus Polizist bzw. Polizei gebildet haben. Die andere Variante: Im 18. Jahrhundert wurden die Vorläufer der heutigen Polizisten in den Niederlanden „Bohler" oder auch „Landbohler“ genannt, wobei „bol“ „Kopf“ oder „kluger Mensch“ bedeutet. Daraus entwickelte sich Bulle; gemeint ist also ursprünglich ein Mensch mit Köpfchen. Eigentlich dürfte sich demnach jeder so bezeichnete Ordnungshüter geschmeichelt fühlen. Immerhin: Nach einem Urteil von 2005 hat man auch Chancen, mit dem „Bullen“ straffrei davonzukommen - wenn man sich in Bayern oder im Halbschlaf befindet. Und seit 1975 verleiht der Bund Deutscher Kriminalbeamter jährlich den „Bullen-Orden“ für Verdienste um die Innere Sicherheit. Die päpstliche Verordnung „Bulle“ hat übrigens weder mit Tieren noch mit den klugen Köpfen zu tun, sondern bezieht sich auf die „bulla“, Metallkugeln, die ursprünglich die Siegel sicherten.

Echse

verstümmelte Laufschlange

Das Wort Eidechse ist wohl die Verbindung eines alten Wortes für Schlange, das auch im altindischen „ahi“ steckt, und einer Form des indogermanischen „tek“ für laufen. Dies würde also eine laufende Schlange oder genauer die „Schlangenläuferin“ ergeben. Weil man sich dessen im 19. Jahrhundert aber nicht mehr bewusst war, befreite man die Echse vom Eid, obwohl das D ja eigentlich noch zur Läuferin gehörte. Sprachlich wäre demnach also nur „Dechse“ richtig, inhaltlich läge man damit aber immer noch ziemlich daneben.

Hahnrei

von seiner Frau betrogener Ehemann, nicht immer ein Franzose

Betrügt eine Frau ihren Ehemann, so macht sie ihn zum Hahnrei. Die Herkunft des Wortes soll entweder mit dem als unzüchtig gedeuteten Liebesreigen des Geflügels oder mit kastrierten Hähnchen, den so genannten Kapaunen in Verbindung stehen. Pierer's Universal-Lexikon von 1859 allerdings ging davon aus, dass Betrogenwerden eine französische Angewohnheit sei, und hielt „Hahnrei“ für ein von deutschen Lästerzungen schlecht ausgesprochenes „Henri“ ...

Katzenkopfpflaster

eine besondere Form des Straßenpflasters

Der Name kann zwar tatsächlich von den Zacken der grauen Pflastersteine stammen, die entfernt an Katzenohren erinnern, wahrscheinlicher ist aber, dass hier mit Katze das Kurzwort für Katapult gemeint ist, mit dem in früheren Zeiten bei Belagerungen Steine verschossen wurden. Der Kopf wiederum scheint erst später in die Wortverbindung geraten zu sein, als die ursprüngliche Bedeutung nicht mehr bekannt war.

kiebitzen

bei etwas ungebeten zusehen

Zwar klingt die Bezeichnung wie der „kiwit"-Ruf des Kiebitz, hat aber damit nicht das Geringste zu tun. In der Gaunersprache Rotwelsch bedeutet „kibitschen" schlicht „beobachten", während es für voyeuristische Neigungen des Regenpfeifers keinerlei Belege gibt.

ein paar Kröten

ein wenig Geld, ein paar Euro

Kaum einer würde glauben, dass er sich mit ein paar Amphibien in der Tasche noch etwas leisten könnte. Und so sind die monetären Kröten auch eine Verballhornung aus dem niederdeutschen „Groten", das Groschen bedeutet. Der Gebrauch hat sicherlich mit der guten alten Weisheit zu tun, dass man über Geld nicht spricht. Also benutzte man traditionell Umschreibungen zulasten der Kriechtiere oder Formulierungen wie Kies und Pinkepinke, die beide im hebräischen Stamm „Geldbeutel" bedeuten und insofern noch nichts darüber aussagen, ob tatsächlich Kröten drin sind.

Maultier und Maulesel

der Mix machts

Der Maulesel ist das Produkt einer Kreuzung zwischen Pferdehengst und Eselstute, das Maultier zwischen Eselhengst und Pferdestute. Vermutlich weil das Maultier ziemlich nach fifty-fifty aussieht, während der Maulesel optisch ganz die Mama ist, hat das Maultier kein Pferd im Namen. Und ein Maul findet sich namentlich bei beiden nicht. Denn sie sind ebenso wie der Muli eine Entlehnung vom lateinischen „mulus", das unter anderem auch Kreuzung oder Mischung bedeuten kann.

Maulwurf

Schrecken der Unterwelt

Hätte Alfred Brehm uns nicht gewarnt, wären wir immer noch arglos und wüssten nicht, dass der Maulwurf „ein wahrhaft furchtbares Raubthier ist. Dem entsprechen auch seine geistigen Eigenschaften. Er ist wild, außerordentlich wüthend, blutdürstig, grausam und rachsüchtig, und lebt eigentlich mit keinem einzigen Geschöpfe im Frieden, außer mit seinem Weibchen". Tatsächlich hat aber das „Maul" im Namen nichts mit seinen furchterregenden Fängen zu tun, sondern stammt vom althochdeutschen „molta", das Staub oder Erde bedeutet und z. B. auch in „Müll" steckt. Der Maulwurf ist also eigentlich ein „Erdwerfer". Diese Bedeutung ging jedoch schon früh verloren, sodass im 16. Jahrhundert bereits erklärt wird, dass der Maulwurf namentlich mit dem Maul die Erde aufwerfe.

mausern

sich im positiven Sinne verändern, aufblühen

Mäuse spielen hier überhaupt keine Rolle, sondern der Gefiederwechsel bei Vögeln und das althochdeutsche „muzunga", das Wechsel bedeutet und sich vom lateinischen „mutare", dem Tauschen herleitet.

mausetot

ganz besonders tot

Mehr tot als tot geht nicht und dennoch stammt die im 17. Jahrhundert aufkommende Wendung wohl vom niederdeutschen „mursdot", wobei „murs" einfach „gänzlich" bedeutet und so die Steigerung zum ebenfalls schwer realisierbaren Halbtod verkörpert.

Mäuse haben

viel Geld haben

Viele Euros können viele Mäuse sein, ein Euro aber noch lange keine Maus. Das hat damit zu tun, dass nicht die Nager, sondern das jiddische „moo“ Pate stand, das zwar noch den Pfennig in der Einzahl meint, aber über das rotwelsche „Moos“ in der Bedeutung von Geld zu unseren Mäusen wurde.

Dass dich das Mäuslein beiß!

scherzhafte Verwünschung, dass einem etwas eigentlich Harmloses zustoßen solle

Diese Wendung ist zwar so aus der Mode gekommen, dass sie hier eigentlich nicht mehr viel verloren hat, aber ihr gar nicht so harmloser Hintergrund ist auf jeden Fall die paar Zeilen wert. Denn das Mäuslein soll ursprünglich ein „Meisel“ gewesen sein, eine volksmündliche Verkürzung von „Miselsucht“, der Lepra. So hat man jemandem damit früher wohl nicht die Maus, sondern den meist tödlichen Aussatz an den Hals gewünscht.

Meerkatze

womöglich nur ein Affe

Sie findet sich als „mer(i)kazza“ bereits im Althochdeutschen und es ist durchaus möglich, dass der Name tatsächlich „Katze, die übers Meer kam“ bedeutet. Wahrscheinlicher, obgleich nicht bewiesen, ist die Herkunft vom altindischen „markata“, das schlicht für Affe steht. Im Englischen hingegen bezeichnet „meerkat“ nicht den Affen, sondern kurioserweise das Erdmännchen.

Meerschwein

alles Mögliche, nur kein Schwein

Jakob Frischlin schreibt Ende des 16. Jahrhunderts in der „Hohenzollerischen Hochzeit“ ziemlich Sonderbares: „Ein wunder groß und schön meerschwein / Darauf ein Syren gsessen war / Ein meerfräwlein mit gelbem haar“. Eine Meerjungfrau also, die auf einem Meerschwein reitet. Doch meint bereits das althochdeutsche „meriswin“ den Delphin, wobei das griechische Wort wohl denselben Ursprung hat. Später wurde dann das Stachelschwein als

Meerschwein bezeichnet, zum einen, weil es tatsächlich meist übers Meer kam, zum anderen, weil früher Igel auch Schweinigel hießen. Schwein sind aber natürlich weder Delphin, Stachelschwein noch die mit letzteren verwandten Meerschweinchen, die im 16. Jahrhundert aus Südamerika eintrafen. Unser Meerrettich hat dann im Übrigen auch nichts mit dem Meer zu tun und war wahrscheinlich wie im englischen „horseradish" ursprünglich ein Mähren-, also Stutenrettich.

Miesmuschel

grüne Schale, Mäusekern

Die Miesmuschel gammelt übel gelaunt an ihrem Byssusfaden im Brackwasser rum, nur um irgendwann jemandem kräftig die Muschelsuppe zu vermiesen ... Weit gefehlt, denn das „Mies" ist eine Abwandlung von „Moos" und bezieht sich auf den grünen Algenbewuchs der rauen Schale. Der weiche Kern ist übrigens für den Rest des Namens verantwortlich, denn Muschel leitet sich vom lateinischen „musculus" für Muskel oder Mäuschen ab, da geformt wie ein Muskel und groß wie eine kleine Maus.

mopsen

abstauben ohne Mops

Mopsen, eine Wortschöpfung des 19. Jahrhunderts, meint den Diebstahl einer Kleinigkeit, die nicht der Rede wert ist. Der Mops gilt allerdings nicht als sonderlich diebisch, sodass eine Herleitung aus dem englischen „to mop up" für abstauben deutlich wahrscheinlicher ist.

Nilpferd

noch nie ein Pferd und schon lange nicht mehr am Nil

Dass der Name Hippopotamus schon in der griechischen Antike eine Zusammensetzung von Pferd und Fluss war, ist relativ bekannt, ebenso, dass das Tier mit einem Pferd so gut wie nichts zu tun hat. Etwas neuer ist der Umstand, dass es auch mit dem Nil nichts gemein hat, denn dort ist es inzwischen ausgerottet. Ziemlich neu ist schließlich die Erkenntnis, dass sich die nächsten lebenden Verwandten der Hippos im Meer finden. Weitaus korrekter, aber eine Zumutung wäre folglich die Bezeichnung Ex-Nil-Landwal.

Pferd

eine Geschichte voller Missverständnisse

Das Wort ist in Varianten bereits seit dem 9. Jahrhundert bekannt, aber ursprünglich aus dem mittellateinischen „paraveredus" abgeleitet. Dies bedeutete - daher das „para" im Namen - aber eigentlich „Beipferd zum Postpferd", denn die Römer nannten ihre Postpferde „veredus". Diese Bezeichnung hatten sie wiederum vom altkeltischen „veredos" entlehnt, weil ihnen wohl entgangen war, dass die Kelten damit eigentlich ein Kutschpferd meinten. Unser stolzes Pferd ist also letztlich nur das Ersatztier für einen Postgaul, dem die Kutsche abhandenkam.

ratzen

gut und fest schlafen

Warum gerade die nachtaktiven und schreckhaften Ratten so besonders genüsslich schlafen sollten, erscheint zunächst verwunderlich. Im 14. Jahrhundert war Ratze jedoch ein Sammelbegriff für alle möglichen wieseligen Vierbeiner, auch für Iltis, Murmeltier und Siebenschläfer. Die letzten beiden sind aber berüchtigter Langschläfer, sodass dieses Verb mit Sicherheit auf ihr Konto geht.

ratzekahl

besonders gründlich leer- bzw. abgefressen

Auch hier hat die Ratte kein Urheberrecht. Ursprünglich, im 18. Jahrhundert, ist das Adjektiv wohl eine Spielart von „radikal" gewesen, während der Bezug zum kahlen Schwanz des Tiers wohl erst die zweite Geige gespielt hat.

unter aller Sau

eine miserable Leistung; völlig wertlos oder schlecht

Ist etwas unter aller Sau, so befindet es sich nicht etwa unter einem Borstenvieh, sondern ist so schlecht, dass es unterhalb jeder Möglichkeit der Bewertung liegt. Denn das der Wendung zugrundeliegende jiddische „seo" bedeutet schlicht „Maßstab".

Spinne am Morgen, Kummer und Sorgen ...

keine Spinne, kein Unglück

Hier spinnt höchstens der Volksmund. Denn das Sprichwort meint ursprünglich nicht, eine am Morgen entdeckte Spinne bedeute Unglück, sondern bezieht sich auf die Tätigkeit des Spinnens. Dies war in früheren Zeiten eigentlich eine Beschäftigung für den geselligen Feierabend, ein Hobby. Wer aber bereits morgens mit dem Spinnen begann, tat dies nicht zur Entspannung, sondern aus Not, weil er arm war und sich damit ein Zubrot verdienen musste. Dieser Zusammenhang geriet wohl mit dem Spinnen aus der Mode, allerdings hätte, so bekannt, der zweite Teil des Sprichworts bezüglich der Anwendung auf Gliederfüßer stutzig machen müssen: „Spinne(n) am Abend, erquickend und labend".

Walross

kein Wal und schon gar kein Ross

Die Brüder Grimm haben noch eine sehr findige Erklärung für das Ross im Namen des Schwergewichts, „dessen stimme einem wiehern ähnlich klingt". Das hierzulande im 16. Jahrhundert auftauchende Wort ist jedoch die Verdrehung des altnordischen „hrosshvalr", das aber trotzdem nicht „Rosswal" bedeutet. Denn der erste Bestandteil bezeichnet wahrscheinlich wie das althochdeutsche „rosamo" die Röte und den Rost – und somit wäre das Walross nur ein rostroter Wal, was der Sache schon etwas näherkommt.

Zebra

erst Tiger, dann Esel

Die erstaunten Griechen, die dem damals in Nordafrika noch nicht ausgerotteten Tier begegneten, nannten es treffend „hippotigris", also Tigerpferd. Für unser Zebra, das sich namentlich seit dem 17. Jahrhundert breitmacht, sind allerdings die Spanier und Portugiesen verantwortlich, da das spanische „enzebra" für Wildesel über das portugiesische „zebro" namensgebend war. Etwas genauer ist das Afrikaans, hier gibt es immerhin den „streepesel".

5

TIERISCHES DURCHEINANDER

Was vom Tiere übrig blieb

Dieser kleine Teil dient zum Abschluss dazu, Ihnen zu zeigen, wie nahezu unerschöpflich das Repertoire tierischer Begriffe, Redewendungen und Sprichwörter in der deutschen Sprache ist. Bislang wurde auf all die möglichen Inhalte verzichtet, die zwar nicht von einem Tier selbst, sondern tatsächlich oder vermeintlich von tierischen „Tätigkeiten", Körperteilen oder Produkten herrühren. Eine Auswahl davon finden Sie nun hier, wobei Ihnen allein die „befiederten" vielleicht schon eine Idee davon vermitteln, welch kapitalen Schinken Sie ansonsten in Händen hielten.

° alles in Butter

alles ist gut gelaufen, etwas hat gut funktioniert

Im Mittelalter wurde das begehrte venezianische Glas in Fässern über die Alpen exportiert. Auf den holprigen, unsicheren Wegen ging natürlich einiges zu Bruch, bis clevere Händler auf die rettende Idee kamen: Sie ließen Butter schmelzen, füllten sie in ein Fass, legten eine Schicht Gläser hinein, ließen sie abkühlen und füllten wiederum Gläser und Butter nach, die die Gläser sicher umschloss. Somit war, selbst wenn eines der Fässer von der Kutsche fiel, stets alles in Butter und die wertvolle Ware blieb unversehrt.

durch die Lappen gehen

entwischen

Bereits seit dem 16. Jahrhundert benutzte man bei Treibjagden sogenannte Schrecktücher, bunte Lappen, die man zwischen Bäumen aufhängte, damit die flüchtenden Tiere davor zurückschreckten und das Jagdrevier nicht verließen. Ließ sich ein Wildtier davon aber nicht beeindrucken und setzte sich ab, so war es den Jägern durch die Lappen gegangen. Die Übertragung auf das Abhandenkommen aller möglichen anderen Dinge ist aber eine relativ späte Idee und erst im 18. Jahrhundert nachgewiesen.

das ist mir (doch) Wurst

das ist mir vollkommen egal

Vermutlich kann die Wurst einem heutzutage besonders egal sein, da sie bemerkenswerte Ähnlichkeit mit der berühmten Anna aus Schwitters' Gedicht hat. Denn beide sind „von hinten wie von vorne", da ist kein Unterschied auszumachen. Wo also schon die Richtung, aus der man sie betrachtet oder verzehrt (die Wurst) vollkommen beliebig ist, so kann sie auch hervorragend für die Belanglosigkeit an sich stehen. Es gibt aber noch weitere Deutungen der Wendung: So könnte hier auch die alltägliche Wurst gemeint sein, die im Vergleich zum Sonntagsbraten dem Liebhaber von Hausmannskost einfach schnurzpiepe ist. Oder die Wurst hat damit ursprünglich nichts zu tun, sondern die indogermanische Wurzel „wers", die unter anderem für das Wirre, die Wirren oder verwirren Pate stand. Somit wäre die Wurst zunächst weniger in Eigendarm gepresste Gleichgültigkeit als Ausdruck tiefer Verwirrung gewesen. Definitiv fleischhaltig ist aber die Extrawurst, die sich sinngemäß bereits beim Barockprediger Abraham a Sancta Clara findet. Ebenso wie der Ausspruch „Es geht um die Wurst", der sich auf volkstümliche Wettkampfdisziplinen des 19. Jahrhunderts wie Wurstfangen, Wurstklettern und Wurstangeln bezieht. Apropos fleischhaltig – und um eine dadaistische Kurve zu kriegen: Auch in Anna steckt „ein tropfes Tier", woraus für Schwitters folgt: „ich liebe dir!".

einen zwitschern

sich betrinken

Während das alkoholfreie Vogelzwitschern seit dem 10. Jahrhundert namentlich bekannt ist und wie das englische „twitter“ auf Lautmalerei zurückgeht, ist die höherprozentige Übertragung wohl eine Berliner Erfindung des späten 19. Jahrhunderts. Landesweit durchgesetzt hat sie sich dann in der Soldatensprache des Ersten Weltkriegs. Allerdings ist nicht geklärt, ob sie tatsächlich darauf zurückzuführen ist, dass man angetrunken eben lustig wie ein Vogel wird, oder ob sie sich vielmehr auf einen bestimmten Zwitscherstoff, nämlich den Zwetschgenschnaps bezieht.

Federn lassen

Schaden erleiden, Verluste hinnehmen müssen

Wenn ein Vogel Glück im Ungkück hat, so kann er sich einer Falle oder einem Raubtier gerade noch entwinden, muss allerdings etwas von seinem Federkleid zurücklassen. Und wenn zwei Kampfhähne streiten, so kann dies ebenfalls die eine oder andere Feder kosten.

Gassi gehen

seinen Hund spazieren führen

Gassi kann man ganz ohne Gasse gehen. Denn Gassi kommt nicht von „Gasse“, sondern von „gassatine gehen“, das früher in der Studentensprache nächtliche Sauftouren bezeichnete. Dieses ist wiederum eine Ableitung des lateinischen „grassari“ für wüten und umhertoben, das eng mit unserem „grassieren“ aus dem 16. Jahrhundert, aber auch mit „Grad“ verwandt ist. Hätte Sie also im 19. Jahrhundert ein Student angesprochen, ob Sie mit ihm Gassi gehen wollen, so hätten Sie sich keine Sorgen um dessen Geisteszustand, sondern einzig um Ihren Geldbeutel und den folgenden Katzenjammer machen müssen.

nicht aus den Federn kommen

noch müde sein, nicht aus dem Bett aufstehen wollen

Hier ist von fremdem Gefieder die Rede, nämlich von den klassischen Daunenfedern eines Federbetts, aus dem man morgens um so schwieriger herauskommt, je später man sich hineinbegab - sich also in die Federn machte, was folglich nichts mit inkontinentem Geflügel zu tun hat.

nicht viel Federlesens machen

nicht viele Umstände machen, keine Rücksicht nehmen

Im Mittelalter galt es als unterwürfige Schmeichelei, vornehmen Herrschaften Staub, Flusen und eben Federchen von den Kleidern zu lesen. Für Luther kam diese unsympathische Katzbuckelei direkt nach dem Ohrenkraulen. Wer all das nicht tut, kommt also ohne Umschweife gleich zur Sache - wer aber pedantisch auch die kleinste Feder aufklaubt, heißt übrigens Federfuchser.

sich mit fremden Federn schmücken

Verdienste, Erfolge oder Leistungen anderer als die eigenen ausgeben

Der römische Fabeldichter Phaedrus erzählt von einer Krähe, die das eigene Federkleid mit Pfauenfedern aufpeppte. Was bei den Pfauen allerdings nicht allzu gut ankam, die ihm daraufhin auch seine eigenen ausrissen. Im Französischen wird der Ursprung noch heute deutlich, dort heißt es: „sich mit Pfauenfedern schmücken".

zur Feder greifen

etwas niederschreiben, zu einem Stift greifen

Wer bis weit ins 19. Jahrhundert etwas schriftlich festhalten wollte, nahm meist als Schreibgerät den zugespitzten Kiel einer Vogelfeder. Auch wenn diese heute als Schreibwerkzeug längst ausgedient hat, ist sie in den Bezeichnungen Schreib- bzw. Zeichenfeder, Federmäppchen, Füllfederhalter etc. immer noch vertreten. Übrigens: Wer in einer Gruppe die Entscheidungen trifft, ist sozusagen derjenige, der die Feder führt, um Beschlüsse auch „festzuschreiben" - er ist also federführend.

A

aalen 6
aalglatt 5
abgehen wie Schmidts Katze 45
abluchsen 109
Adlerauge / Adlerblick 6
affengeil, affenscharf 6
Affenkälte/Affenhitze 7
Affenliebe 7
Affenschande 110
Affenzahn 7
Affenzirkus, Affentheater 8
affig 8
alles in Butter 119
alte Glucke 25
Amtsschimmel 92
Anstandswauwau 93
auf den Hund kommen 37
aufpassen wie ein Schießhund 37
Augen wie / aufpassen wie ein Luchs 55
aus einer Mücke einen Elefanten machen 60

B

Backfisch 93
Bär 10
bärbeißig 10
bekannt wie ein bunter Hund 37
belämmert 110
berappen 110
Besser den Spatz in der Hand als die Taube auf dem Dach. 80
blind wie ein Maulwurf 56
Blindekuh (spielen) 111
Blindschleiche 103
Bock 11
Bockbier/Bockwurst 11
Bocksbeutel 12
Bockshorn 12
Bocksprünge/Kapriolen machen 12
Brillenschlange 104
Bücherwurm 81
Bückling 111
büffeln, ochsen 13
Bulle 111

D

da beißt die Maus kein' Faden ab 57
da beißt sich die Katze in den Schwanz 45
da bringen mich keine zehn Pferde hin / weg 63
da liegt der Hase im Pfeffer 32
da liegt der Hund begraben 38
da wird der Hund in der Pfanne verrückt 38
Dachhase 94
damit lockt man keinen Hund hinterm Ofen vor 38
danach kräht kein Hahn 27
das geht auf keine Kuhhaut 51
das Goldene Kalb 41
das ist mir (doch) Wurst 120
das kann (doch) kein Schwein lesen 79
das Pferd beim Schwanze / von hinten aufzäumen 64
das schwarze Schaf (der Familie) sein 73
Dass dich das Mäuslein beiß! 115
dem Affen Zucker geben 8
den Bock zum Gärtner machen 13
den Stier bei den Hörnern fassen 82
den Vogel abschießen 86
der Fisch stinkt vom Kopfe her 19
Der Teufel ist ein Eichhörnchen. 14
des Pudels Kern 67
die Fliege machen 20
die Flöhe husten hören 20
die Gans schlachten, die goldene Eier legt 29
die Hammelbeine langziehen 28
die Katze aus dem Sack lassen 46
die Katze im Sack kaufen 46
die Kuh vom Eis bringen 51
die Ratten verlassen das sinkende Schiff 68
die Schlange am Busen nähren 74
die Spatzen pfeifen es von den Dächern 81
diebische Elster 17
Du kriegst die Motten! 59
durch die Lappen gehen 120
durstig wie ein Kamel (in der Wüste) 41

E

Echse 112
eierlegende Wollmilchsau 94
ein (ganz) dicker Hund 39
ein doller (toller) Hecht 33
ein echtes/wahres Chamäleon sein 13
ein Eichhörnchen geschnupft haben 15
ein Hühnchen zu rupfen haben 35
ein Kuckucksei ins Nest legen 50

eine Grille haben 26
eine heilige Kuh schlachten 51
eine Schlange sein 75
einen Affen (sitzen) haben 6
einen Bären aufbinden 10
einen Bärendienst erweisen 11
einen Bock schießen 12
einen Floh ins Ohr setzen 21
einen Kater haben 42
eine Laus in den Pelz setzen 54
einen Pudel werfen 67
einen Sack Flöhe hüten 21
einen Vogel haben 86
einen zwitschern 121
eitler Gockel 26
Elchtest 15
Elefant im Porzellanladen 17
Elefantengeburt 16
Elefantengedächtnis 16
Elefantenhaut 16
Elefantenrunde / Elefantenhochzeit 16
Eselsbrücke 18
Eselsohr 18
etwas vom Pferd erzählen 64
Eulen nach Athen tragen 18

F

Federn lassen 121
Fleischwolf 95
Flohmarkt 21
Flohzirkus / Flohkino / Flohwalzer 21
Frechdachs 14
Friedenstaube 95
Frosch im Hals 22
Fuchs 22
Fuchs/Fux 104
fuchsen 23
fuchsteufelswild 23
für die Katz 45

G

Gans 24
Gänsefüßchen 24
Gänsehaut 24
Gassi gehen 121
Grünschnabel 26
Gummiadler 94

H

Hahn im Korb 27
Hahnenkampf / wie die Kampfhähne 28
Hahnrei 112
Hammelsprung 29
hamstern 30
Hase 31
Hasenfuß/Hasenherz 31
Hasenscharte 31
hässliches Entlein 17
Hausdrache 14
Hecht im Karpfenteich 33
Heimchen am Herd 34
heulen wie ein Schlosshund 40
Höhle des Löwen 55
Hols der Geier! / Weiß der Geier! 25
Hornochse 61
Huhn 34
Hummel, Hummel - Mors, mors! 35
Hummeln im Hintern 35
Hund 36
Hunde und Katzen regnen 39
Hundstage 36

I

ich glaub, mein Hamster bohnert 30
Immer sachte mit den jungen Pferden! 64
in ein Wespennest stechen 87
innerer Schweinehund 95
Ist die Katze aus dem Haus, tanzen die Mäuse auf dem Tisch. 47

J

jmdm. ist eine Laus über die Leber gelaufen 54
jmdn. zur Sau machen 71

K

Katze 43
Katze um den heißen Brei 48
Katzengold 43
Katzenjammer 44
Katzenkopfpflaster 113
Katzenmusik / Katzenkonzert 44
Katzentisch 44

Katz und Maus spielen 47
kesse/flotte Biene 11
kiebitzen 113
Kirchenmaus 56
Klammeraffe 96
Klappe zu, Affe tot 8
komischer Kauz / kauzig sein 49
Kredithai / Miethai / Börsenhai 28
Krokodilstränen vergießen 49
Kröten 113
Kuckuck 104
Kuh 50

L

lahme Ente 17
Landratte 96
Lausbub / Lausekerl / Lausejunge 53
lausen 53
Lemming 105
Löwenanteil 55

M

Man hat schon Pferde (vor der Apotheke) kotzen sehen. 65
Maulaffen feilhalten 9
Maultier und Maulesel 113
Maulwurf 114
Mäuschen spielen (oder sein) 57
Mäuse haben 115
mausern 114
mausetot 114
Meerkatze 115
Meerschwein 115
Mein lieber Schwan! 77
mein Name ist Hase, ich weiß von nichts 32
Melkkuh 52
Mich laust der Affe! 9
Miesmuschel 116
mit den Wölfen heulen 88
mit jmd. Pferde stehlen können 65
mit Kanonen auf Spatzen schießen 81
Mondkalb 97
Mops 59
mopsen 116
Mühsam ernährt sich das Eichhörnchen. 15

N

nachäffen 9
nicht aus den Federn kommen 122
nicht Fisch, nicht Fleisch 19
nicht viel Federlesens machen 122
Nilpferd 116

O

Ohrwurm 105
Osterhase 97

P

Papiertiger 97
Pechvogel 98
Perlen vor die Säue 71
Pferd 117
Pferdefuß 62
Pferdekuss 63
Pferdestärke 63
Pfingstochse 61
Phönix aus der Asche 66
Pleitegeier 99
Pudel 66

R

Rabe 67
Rabeneltern 106
Rattenfänger 68
ratzekahl 117
ratzen 117
reihern 69
Ross 69
Ross und Reiter nennen 69
Rosskur 70
roter Hahn 27

S

Salonlöwe 98
Sau 70
Sauklaue 71
Schafskälte 73
schimpfen wie ein Rohrspatz 81

schlafen wie ein Murmeltier 60
schlafende Hunde wecken 40
Schlange 74
Schlangengrube 74
Schmetterling 75
Schmetterlinge im Bauch haben 75
Schnapsdrossel 99
Schnecke 76
Schneckenpost 76
schwanen 77
Schwein 78
Schwein haben 78
Schweinigel 100
Schwein sein / sich wie eins benehmen 79
Sei kein Frosch! 22
Schäfchen ins Trockene bringen 73
sich aufs hohe Ross setzen 76
sich freuen wie ein Schneekönig 77
sich mausig machen 58
sich mit fremden Federn schmücken 122
sich wie ein Lamm zur Schlachtbank führen lassen 53
sieben Leben wie eine Katze 48
Siebenschläfer 106
Spanische Fliege 99
Spatz 80
Spinne am Morgen, Kummer und Sorgen ... 118
spinnefeind 82
Steinlaus 100
stinken wie ein Iltis 41
stolz wie ein Pfau / sich spreizen wie einer 62
Streithammel / Neidhammel 29
stumm wie ein Fisch 19
stutenbissig 83
Sumpfhuhn 107
Sündenbock 13

T

tigern 85
Trampeltier 85
turteln wie die Tauben 84

U

Unglücksrabe 101
Unkenrufe 85
unter aller Sau 117

V

verlaust / lausig 53
Vielfraß 107
vogelfrei 86
Vogel-Strauß-Taktik 83
vor die Hunde gehen 40
vor die Säue gehen 72

W

Walross 118
Wanze 107
warten, bis einem die gebratenen Tauben in den Mund fliegen 84
weiße Mäuse sehen 58
Wendehals 108
Wetterfrosch 108
wie das Kaninchen vor der Schlange 42
wie der Ochs vorm Berg / vorm Scheunentor 61
wie die Geier / geiern 25
wie die Heuschrecken 34
wie die Motten ums/zum Licht 59
wie ein Hamster im Rad 30
wie eine gesengte Sau 72
wie Hund und Katze 40
Wie kommt die Kuhscheiße aufs Dach? 52
wie von der Tarantel gestochen 83
wieseln, wieselflink 87
Windhund 108
wissen, wie der Hase läuft 32
wo sich Fuchs und Hase gute Nacht sagen 23
Wolf 88
Wolf im Schafspelz 88
Würmer aus der Nase ziehen 90
wurmen 89

Z

Zebra 118
Zeitungsente 101
Zicken machen 90
Ziegenpeter 91
Ziege 90
ziehen wie Hechtsuppe 33
Zimtzicke 102
Zum Kuckuck! / Weiß der Kuckuck! 50
zum Mäusemelken 57
zur Feder greifen 122
zwei Fliegen mit einer Klappe 20

QUELLEN

Hanns Bächtold-Stäubli (Hrsg.): Handwörterbuch des deutschen Aberglaubens (1927 - 1942). Nachdruck, Berlin 1986.

Georg Büchmann: Geflügelte Worte. 32. Auflage, Berlin 1972.

Helmut Glück (Hrsg.): Metzler-Lexikon Sprache. 2. erw. Auflage, Stuttgart, Weimar 2000.

Jacob und Wilhelm Grimm: Deutsches Wörterbuch (1854). Nachdruck, München 1984.

Ursula Hermann: Etymologisches Lexikon. München 1992.

Friedrich Kluge: Etymologisches Wörterbuch der deutschen Sprache. 24. erw. Auflage, Berlin 2002.

Walter Krämer und Wolfgang Sauer: Lexikon der populären Sprachirrtümer. Frankfurt a. M. 2003.

Heinz Küpper: Wörterbuch der deutschen Umgangssprache. Stuttgart 1997.

Ulrich M. Meisser: Tiersprichwörter und Verhaltensforschung.In: Studium Generale 22. Berlin, Göttingen, Heidelberg 1969.

Wolfgang Mieder: Deutsche Sprichwörter und Redensarten. Stuttgart 1979.

Wolfgang Pfeifer: Etymologisches Wörterbuch des Deutschen. 8. Auflage, München 2005.

Lutz Röhrich: Lexikon der sprichwörtlichen Redensarten (1973). 2. Auflage der erw. Neuausgabe, Freiburg i. Br. 2009/2010.

Hans Schemann: Pons Deutsche Redensarten. Stuttgart 2000.